Zhiye Shengrenli Shijiao：
Tielu Qiye Jineng Rencai Zhiye
Chenggong Yanjiu

职业胜任力视角：

铁路企业技能人才职业成功研究

■ 褚福磊 / 著

中国财经出版传媒集团

经济科学出版社
Economic Science Press

图书在版编目（CIP）数据

职业胜任力视角：铁路企业技能人才职业成功研究/
褚福磊著．—北京：经济科学出版社，2017.1

ISBN 978 – 7 – 5141 – 7747 – 3

Ⅰ．①职…　Ⅱ．①褚…　Ⅲ．①铁路企业 – 技术人才 –
人才管理 – 研究　Ⅳ．①F530.64

中国版本图书馆 CIP 数据核字（2017）第 022859 号

责任编辑：刘　莎
责任校对：徐领柱
责任印制：邱　天

职业胜任力视角：铁路企业技能人才职业成功研究
褚福磊　著
经济科学出版社出版、发行　新华书店经销
社址：北京市海淀区阜成路甲 28 号　邮编：100142
总编部电话：010 – 88191217　发行部电话：010 – 88191522
网址：www. esp. com. cn
电子邮件：esp@ esp. com. cn
天猫网店：经济科学出版社旗舰店
网址：http：// jjkxcbs. tmall. com
北京密兴印刷有限公司印装
710 × 1000　16 开　11.75 印张　190000 字
2017 年 1 月第 1 版　2017 年 1 月第 1 次印刷
ISBN 978 – 7 – 5141 – 7747 – 3　定价：42.00 元
（图书出现印装问题，本社负责调换。电话：010 – 88191510）
（版权所有　侵权必究　举报电话：010 – 88191586
电子邮箱：dbts@ esp. com. cn）

前　　言

进入 21 世纪以来，美、英等国相继出现了"技能短缺"（skill shortage）现象。为缓解技能人才的供求压力，各国在制定技术移民政策时，都将本国急缺的技能人才类型作为优先考虑对象，如澳大利亚、加拿大青睐 IT 工程师和会计师。随着我国经济的快速发展，技能人才在经济建设中正发挥着越来越重要的作用，他们已成为推动技术创新和实现科技成果转化不可或缺的重要力量。近年来，随着经济全球化进程的加快和国际产业格局的不断调整，"技工荒"在全球范围内逐渐蔓延，"技能短缺"（skill short-age）开始成为一个世界性的话题，由此，世界各国开始关注技能人才的培养和管理问题。

改革开放前，我国技能人才高度依赖政府的"分配"政策为其安排工作，绝大部分就职于国有企业的员工都被赋予终身雇佣、福利以及"按资排辈"的晋升方式。按照学者张等人（Zhang et al.，2002）的观点，当时的职业生涯被定义为"个人对于实现共产主义以及社会进步做出全部贡献"的方式并且教导给年轻人，在这样的情景下，国家在安排个人的工作时是根据国家利益而不是个人兴趣。然而，技术进步、全球竞争以及组织结构变革已经改变了人们如何定义职业以及管理职业的方式。传统意义上，无论是在中国、美国或是其他国家和地区，职业生涯都呈现出稳定以及上升的特点，并且其发展是以在一家或两家公司中的直线进展作为依托。

然而，进入21世纪后，经济的全球化使得我国企业面临着不确定的竞争环境、不稳定的组织生存环境、动态的雇佣环境，有研究显示，在20世纪中后期欧美等国家的企业也曾经历过这一状态。传统职业生涯观念由于经济和社会的变革而发生了变化，这些变化对传统的职业生涯管理提出了一系列挑战。正是在这些变化过程中，西方学者提出易变性职业生涯和无边界职业生涯的概念，即"新型职业生涯"，新型职业生涯的出现引起了雇佣关系、职业生涯管理方式等诸多变化。如今的动态工作环境以及扁平化组织的出现致使上述模式转变为以不确定性、横向性以及在多个组织内多面发展为特点的新型模式，即从传统的按部就班以及直线式发展方式转变为如今快速变化环境中的持续性、多变性职业生涯发展路径。现今，员工更多的是前瞻性地管理职业生涯，探寻符合对其而言至关重要的、感兴趣的工作和组织。与职业生涯自我管理需求相一致的是，在许多国家和地区对于成功管理职业生涯所必需的员工能力的关注日益增多，为什么有些员工有着成功的职业生涯而另一些却没有呢？由于职业生涯模式呈现出不稳定性的趋势，成功的员工所必备的要素是通过提升自身职业胜任力从而实现所预期的职业进展，据此，职业胜任力（career competency）的概念被提出，并成为职业成功的重要影响因素。

追求职业成功（career success）既是每个人职业发展内心深处的渴望，也是职业生涯理论研究的出发点和归宿，技能人才也不例外。然而，在我国过去的管理实践中，由于缺乏足够的职业发展通道，业绩优秀的技能人才只有提拔到管理岗位才能获得职业的发展，"技而优则管"不仅限制了技能人才的发展通道，而且仅仅依据其在技术岗位上的出色表现而被提拔到管理岗位的技能人才可能因缺乏专业的管理知识和技能而不具备优秀管理人员的胜任特征，最终导致组织损失了出色的技能人才而换来了不称职的管理者。

2013年3月14日，中国铁路总公司正式挂牌成立，承担原铁道部的企业职责。为了保持竞争，迎接挑战，作为国有特大型企业，中国铁路总公司将在生产布局、经营策略和运作手段上进行重大调整，并适时提出人才强路战略和现代化发展目标。对铁路系统来说，既有线路的设备更新、采用新技术装备、电气化改造、进一步挖潜扩能以及新建高速铁路的联调联试、开通运营，这些都离不开技能人才特别是高技能人才的强有力支撑。在铁路战略的实施过程中，技能人才在铁路技术装备改造、效益提高和增强铁路文化软实力方面都发挥了不可替代的重要作用。然而，我们的管理机制在充分调动技能人才积极性和人才队伍结构的战略调整等方面与适应当今铁路迅猛发展和建设国际一流铁路企业对高素质技能人才的迫切需要相比，还存在一些差距和不足。同时，据多方数据显示，与我国国民经济发展的要求以及与国外铁路发达国家相比，目前我国铁路技能人才在能力素质上存在着较大的差距。

同时，尽管在过去几十年许多研究对职业生涯的本质进行了多方面的探讨，取得了一些研究成果，但是大部分研究都是聚焦于西方背景，基于我国情境的职业生涯管理的深入探讨还较为缺乏，特别在我国企业技能人才人力资源管理研究方面，主要局限于宏观研究、实践研究，重点是培训以及与职业生涯管理相关的员工流失等问题研究。在定量研究方面主要是对技能人才数量和各地区技能人才发展水平的差异的陈述和介绍，虽提出一些解决这种不平衡发展的措施，但也比较宽泛；在定性研究方面，对技能人才的教育和培训研究较多，对技能人才的职业发展、自身职业素质方面的研究较少，特别是如何从能力的视角，建构技能人才符合行业未来发展趋势的职业胜任力，从而帮助技能人才追求职业成功几乎未能涉及。纵观国外的研究，可以初步推断职业胜任力对于个人的职业成功有着非常重要的影响，但对职业胜任力的概念、结构、测量方法尚缺乏统一的观点；另外，虽然国外一些学者开发了职业胜任力的测量工具，但它们是否适合中国的背景和员工特征还没有得到足够的证据支持。在中国特定的文化背景下，技能人才的职业胜任力具体包括哪些内容？其概念的内涵和外延是什么？技能人才的职业成功有哪些特点，其职业胜任力对职业成功的作用机理是什么？本书将在这方面做一些研究和探讨。

本书在内容结构上主要包括三篇共八章。

第一篇为现状理论篇，包括三个章节，主要阐述技能人才、铁路技能人才的内涵和发展现状，并从职业胜任力理论、职业成功理论、职业生涯管理理论等方面阐述了技能人才职业管理的理论基础，为本书的内容提供坚实、可靠的理论支撑。

第二篇为实证研究篇，包括三个章节，主要在理论研究的基础上，结合铁路技能人才的工作环境和岗位特点，以铁路技能人才为调查样本，建立了铁路技能人才职业胜任力模型、铁路技能人才的职业成功评价指标体系，对铁路技能人才职业胜任力对职业成功的作用机理进行了假设检验，并对结果进行了分析。

第三篇为管理应用篇，包括两个章节，本篇在理论研究和实证研究分析的基础上，研究基于职业胜任力的铁路技能人才职业生涯管理体系。从铁路技能人才个体层面和铁路企业组织层面出发，提出铁路技能人才职业生涯管理的对策建议，以引导其取得职业成功。

目　　录

实证研究篇

管理应用篇

现状理论篇

　　本篇章阐述了铁路技能人才的发展现状，并从技能人才、铁路技能人才相关概念、职业胜任力理论、职业成功理论、职业生涯管理理论等方面阐述了技能人才职业管理的理论基础，主要包括理论概述、相关理论研究方法以及基于这些理论的相关应用，是技能人才职业胜任力内涵、职业成功影响要素的基础阐释，为本书的实证研究和管理应用研究提供坚实、可靠的理论支撑。

第一章

技能人才与铁路技能人才

随着经济的快速发展，技能人才在我国经济建设中正发挥着越来越重要的作用，技能人才已成为推动我国技术创新和实现科技成果转化不可或缺的重要力量。越来越多的企业已认识到技能人才培养和开发的重要意义，甚至有些企业还专门制定了技能人才的培训与开发制度，对技能人才的技能和职业发展进行定期培训。现代铁路的发展不仅需要具有较高理论和技术水平的设计型、研究型、管理型的人才，而且更加需要一大批勤奋敬业、具有丰富实践经验、技艺高超的技能型人才。本章主要阐述技能人才的概念以及铁路技能人才的内涵和特征。

第一节　技能人才的相关概念

一、技能人才的内涵

在我国，"人才"一词，最早见于《诗经·小雅》注中，"菁菁者莪，乐育才也。君子能长育人才，则天下喜乐之矣"。纵观我国古代对人才的要求，人才大多冠以"贤""能""士"，即指有德行、有才干的人（张海波，2012）。在西方的文献中，多用 talent、gifted 和 genius 来指天才和杰出人才，即所谓有天赋的人。根据《国家中长期人才发展规划纲要（2010～2020年）》，人才是指具有一定的专业知识或专门技能的人。

在理论文献中，人才可分为四种类型，包括技术型、工程型、科学型以及技能型（杨克，2009）。进行技术设计和改造、从事技术革新的技术人员被称为技术型人才；运用科学理论进行重大工程的设计、工程施工、调试以及管理，并能够给社会带来巨大工程效益的应用性人才被称为工程型人才；掌握科学的基础理论，围绕科学技术发展的方向，并在科学进步的前沿领域开拓科学基础理论研究工作的高端人才被称为科学型人才；而技能型人才则是为数较多的一个群体，在人才层次中居于基础层次，其特点是将技术型人才设计和革新的项目进行转化，最终转化为最佳的产品、服务和管理效益等。

技能人才与其他人才相比更突出实际操作能力，他们一般掌握专门的知识和操作技能。学者们从不同视角对技能人才进行了阐述与理解，总结起来主要有以下几种：①技能人才是通过不断的学习、练习，能够掌握娴熟的动作系统和方式，并且可以灵活的对各种物体、观念进行操作的人才；②技能人才是具有才识学问、德才兼备的劳动者，并且在运用经验和知识进行实践活动方面超过一般水平的人才；③技能人才是在生产、建设、服务以及管理等一线，身怀绝技，能够解决关键技术，并可以为企业带来明显经济效益的高技术含量工种的高级技术工人；④技能人才是在生产或服务一线，进行技术含量较大、劳动复杂程度较高工作的高级技术工人和技师。孔宪香（2008）指出技能型人才，是指那些经过专门培养和训练，具备必要的理论知识，并具有创新性和独立解决关键性问题，主要从事操作和维修的人才。通过以上学者们对技能人才的分析可以看出，技能人才的概念主要包括以下内涵：①具有良好的职业道德；②具备创新能力；③掌握一定的理论知识；④处于生产服务一线；⑤有较强的动手操作能力，并能够解决生产实际操作难题；⑥具备较高的技术、技能。学者刘宝康（2007）认为，技能人才的概念在外延上，目前主要存在以下两种基本观点：一种观点认为，技能人才主要指取得一定职业资格和职级的技能人员，包括取得高级工、技师和高级技师职业资格和相应职级的人员；另一种观点也指出了职业资格的重要性，并认为我国国家职业资格系列中的技师和高级技师比较符合国际上对技能人才的划分。

综合上述观点以及我国技能人才的工作实际，本书认为技能人才是指：在生产、服务等领域岗位一线，掌握专门的知识和技术，并且具备一定的操作技能，在岗位工作实践中可以运用其技术、能力并进行实际操作的人员。在职业资格和相应职级中，主要包括取得技工、技师及其他相应水平或拥有各种技能的人员。技能人才是我国人才队伍的重要组成部分。

二、技能人才的特征

技能人才的一般特征，主要包括社会特征和人力资本特征（王运宏，2010）。

社会特征。技能人才具备的技能能够解决生产、管理、运输、服务等一线的复杂问题，是企业技术创新的实施者，其技能不只是传统的"手艺"和某些"绝活"，而是通过学习获得更多的专业知识，帮助技能人才成为知识与技能相互协调发展的人才。技能人才的社会特征主要表现在：首先，技能人才具有创造性。创造性是一切人才的共同特征，技能人才存在的价值就是因为有大量的创造，技能人才的创造性主要表现为在相关技术领域中的创新能力，如工艺革新、技术改良、流程改革及发明创造。其次，技能人才有适应工作岗位变动的能力，能够在不同岗位中发挥其关键技能，同时，技能人才在获得、积累知识和技能的同时培养起自己优良的个性，有良好的职业道德水准、健全的人格、强健的体魄。最后，技能人才具备良好的心智、心理健康、心态稳定。当前技能人才处于稀缺状态，而且近几年来技能人才逐步呈年轻化趋势，这与当前职业教育快速发展、企业技术升级带来的岗位需求、国家对技能型人才的重视与支持密不可分，与此同时，随着新型职业不断增加对技能人才需求带来的变化，技能人才的类型也不断增加。

人力资本特征。现代技能人才具有扎实的专业知识和较强的操作技能，属于技能资本拥有者，由于技能人才充当了技能资本的主要载体，也成为资本运作的工具，技能人才最主要的价值在于能将他们的经验、知识特别是技能进行工作表达，并促使这些技能转化为产品和服务，带来比较高的经济效益。然而，技能人才知识和技能不具有通用性，属于本人的特殊技能和经验在特定条件下的应用，更与他们对技能的把握和应用密不可分。同时，技能人才的技能和能力是一种隐藏信号，其劳动过程很难被监管，工作的自主性较高，他们的产出成果容易用质量或数量的指标进行定量考核，但很难在事前进行评估。

同时，特定的环境和条件、技术装备会在一定程度上影响技能人力资本所有者的作用。此外，在成长过程中，技能人才必然受到家庭、社会、个人和企业的投资，在此基础上形成人力资本，由于投资主体具有多元化、难分离等特征，因此，其所有权的归属问题也随之复杂化。最后，技能人才的人力资本效用与价值具有典型的溢出效应，通过学习、交流和示范，可以影响其他人力资本价值的发挥，增加企业内部人力资本总量的变化。

第二节　铁路技能人才

一、铁路技能人才的概念

完成好铁路改革发展的艰巨任务，关键在于人才队伍。根据新时期铁路精神，推进铁路的快速发展，走新型工业化道路，用比较短的时间和较少的代价，实现铁路运输能力的快速扩充和铁路技术装备的快速提升，必须依靠大量的人才提供智力支持和保证。铁路专业人才，是指从事铁路运输组织、管理、经营和工程、施工、维修以及科研、后勤等生产活动中，任职的各级领导干部和经营管理人员、各类高层次专家和专业技术人员、技术含量和劳动复杂程度较高的技能型人员。根据中组部、人事部《事业、企业单位管理人员、专业技术人员统计报表》统计指标基本要求，结合铁路企业专业人才所从事行业工作的特点，一般把铁路企业专业人才分为三类。

（1）经营管理人才：指除专职专业技术人员以外的铁路各类、各级干部。

（2）专业技术人才：指具有专业技术职务，并且没有担任行政职务、从事专业技术工作的人员。

（3）职业技能人才：指车、机、工、电、辆等运输系统技术工人。主要包括有：机车乘务员、列车检车员、内燃机车钳工、电力机车钳工、钢轨焊接工等。

本书根据技能人才的概念，结合上述铁路企业对人才的分类和铁路技能人才所从事的工作特点，本书所研究的铁路技能人才是指：在铁路运输、生产、服务和管理等领域岗位一线，具备良好职业道德，掌握专门的知识和技术，具有较强的操作技能，从事行车组织、乘务、运用和维修等技术含量和劳动复杂程度较高的工作，能为企业创造效益的技术工人。主要包括：动车组司机、动车组机械师、列车检车员、高速铁路电力线路维修人员、高速铁路现场信号设备维修人员等。

二、铁路技能人才的分类

根据铁路技能人才所从事的工作内容和特点，可以把铁路技能人才分为三类。

1. 技术技能型人才

技术技能型人才是指在铁路运输生产中具有熟练的操作技能和较高的知识理论水平，能够在铁路运输生产中起关键作用的技能人才。从我国铁路的发展和运输生产现状看，我国铁路企业的大部分技能人才属于这一类，如电力机车钳工、动车组司机、内燃机车钳工、动车组机械师、钢轨焊接工等。

2. 知识技能型人才

知识技能型人才是指我们通常意义上所说的"灰领人才"。目前铁路企业中这类人才数量比较小，随着我国铁路企业新技术、新设备的采用，以及高速铁路的快速发展，我国铁路企业对知识技能型人才的需求将越来越多，从而推动铁路现代化的发展，这类人才包括从事运输指挥调度人员、通信信息技术人员、网络维护人员以及运营设备维护人员等。

3. 复合技能型人才

复合技能型人才是指掌握多种技能的人才。随着运输业生产力布局的调整和劳动组织的优化，铁路企业这类技能人才也将越来越多，需求量也越来越大。

三、铁路技能人才的特点

不同的学者对铁路技能人才的特点进行了研究，王君历（2007）结合对铁路技能人才职业特点和工作内容的分析，总结出我国铁路企业技能人才的特点主要包括四个方面：良好的职业道德、较强的工作能力、一定的文化素质和较大的工作潜能、较好的工作业绩。张重天等人（2011）通过行为事件访谈、调查问卷、专家评析、数据分析等方法，认为铁路技能人才的素质特点包括心理素质、专业技术、职业道德和岗位技能四个方面。本书通过调研铁路技能人才的工作内容和特点，结合前人的研究，认为我国铁路技能人才的特点包括以下四个方面。

一是具有良好的职业道德。由于铁路的工作性质，铁路工作大多与旅客生命财产安全以及货主利益相关联，因此要求在铁路一线工作的技能人才应具备高度的使命感和责任感，并在铁路组织中树立严格的纪律观和正确的价值观，能够正确处理好个人与企业、个人与旅客、个人与货主之间的关系，具有良好的职业道德和职业操守。

二是具有较强的操作能力。铁路行车组织、运用、乘务和维修等工作技术含量较高、劳动程度较复杂，因此要求铁路技能人才应能够运用其操作技能熟练操作铁路相关技术设施、解决一线生产等难题，并在铁路运输生产中发挥骨干作用。基于此，是否具有较强的操作能力也是衡量一个铁路技术工人是否是技能人才的重要指标。

三是具有良好的学习能力。随着我国铁路的快速发展，高铁和动车组等技术创新战略的实施，铁路大量新设备、新技术被广泛运用，学习掌握较为困难，铁路技术工人将会遇到越来越多的新问题、新难题，在此种情况下，作为铁路技术工人的骨干，铁路技能人才应不断提升自己的学习能力，激发自己的工作潜能，不断学习和掌握铁路新规章、新知识、新技能，以便适应新的工作形势，因此，铁路技能人才应具有良好的学习能力。

四是具有较好的工作业绩。与铁路一般技术人员相比，铁路技能人才之所以被称为技能人才，除其具备较高的操作技术能力和较高的品质素养外，具有较好的工作业绩也是衡量技能人才的关键指标。因此，铁路技能人才应具有良好的工作业绩，其工作的高质量、高效率能够为企业带来更高的效益和价值。

第三节　铁路技能人才的职业发展

一、我国铁路的发展现状

截至 2015 年底，我国铁路营业里程达到 12.1 万千米，居世界第二位；其中高速铁路 1.9 万千米，居世界第一位。根据我国"十三五"规划和最新修编的《中长期铁路网规划》（2016～2025），到2020年，一批重大标志性项目建成投产，铁路网规模达到15万千米，其中高速铁路3万千米，覆盖80%以上的大城市，为完成"十三五"规划任务、实现全面建成小康社会目标提供有力支撑。到2025年，铁路网规模达到17.5万千米左右，其中高速铁路3.8万千米左右，网络覆盖进一步扩大，路网结构更加优化，骨干作用更加显著，更好发挥铁路对经济社会发展的保障作用。展望到2030年，基本实现内外互联互通、区际多路畅通、省会高铁连通、地市快速通达、县域基本覆盖。实现相邻大中城市间1小时～4小时交通圈，城市群内0.5小时～2小时交通圈。提供安全可靠、优质高效、舒适便捷的旅客运输服务①。

二、铁路技能人才的发展需求

随着我国铁路的快速发展，特别是高速铁路的开工建设，大量新技术、新工艺、新材料和新设备的广泛应用，无论在数量还是质量方面都对技能人才提出了更高的要求，特别是对技师、高级技师等高级技能人才，要求其在攻坚方向上往多领域发展。因此，加快培养一批掌握新技术、具备新技能、熟悉新材料和新设备，适应我国铁路发展的技能人才队伍重要而紧迫。中国铁路总公司坚持实施"人才强路"战略，在铁路技能人才队伍建设方面，为促进铁路改革发展，完善技能人才职业培训体系，围绕铁路运输生产需求，加快培养与铁路现代化发展相适应的数量充足、结构合理、技艺精湛、素质优良的高技能人才队伍，并带动中、初级技能人才队伍梯次、协调发展。

目前，国家铁路技术工人中，高级工及以上的技能人才队伍规模达到63.7万人，其中高级技师0.9万人，技师9.2万人，高级技师、技师占高技能人才的比例达到6.2%。近几年来，铁路企业通过师带徒、科学选

---

① 中国铁路总公司官网，http://www.china-railway.com.cn/。

拔以及开展多种形式的职业技能竞赛等途径，大批优秀铁路技能人才脱颖而出。国家铁路技能人才中获得中华技能大奖的 1 人，享受政府特殊津贴的 22 人，获得全国技术能手称号的 109 人，获得铁路系统技术能手称号的 2 411 人，1 163 人被聘任为企业首席技师，67 人被聘任为全路首席技师。并建立了 13 个技能大师工作室，其中有两个工作室经人力资源社会保障部批准纳入国家重点支持的国家级技能大师工作室①。

三、铁路技能人才的职业发展

铁路技能人才的职业发展是铁路企业人力资源开发的重要手段，是加强铁路技能人才队伍建设、提高职工队伍素质、增强铁路企业竞争力的基础性、源头性、战略性工程。长期以来，铁路"干部职工身份"一直是制约铁路技能人才职业发展的一个关键要素，中国铁路总公司和各个铁路局在实践和研讨中不断改革，目前已经基本实现了岗位职务化管理。所谓岗位职务化管理，是指打破干部、工人身份界限，变身份管理为岗位管理，对技师、高级技师向专业技术人员晋升打开了通道。

在铁路技能人才职业培训方面，实行中国铁路总公司、铁路局、基层站段三级管理体制，秉承"适应发展、统筹规划、规范管理、提升素质"的基本原则，建立和完善了一系列权责清晰、分工明确、管理高效、保障有力的职工教育培训管理制度和工作运行机制。

同时，铁路技能人才职业发展教育围绕高速铁路开通运营需求，突出抓好以高速铁路主要行车工种岗位准入为重点的"三新人员"（新职、转岗、晋升人员）、技能等级及新任班组长等资格性培训，有效组织实施岗位适应性培训。同时，依托全国铁道职业教育教学指导委员会积极开展校企合作，充分利用路外院校和企业的优质教育资源，不断优化和提升技能人才队伍结构和素质能力，为技能人才的职业发展提供了坚实的组织保障。

---

① 中国铁路总公司官网，http：//www.china-railway.com.cn/。

第二章

技能人才职业胜任力研究

胜任力是能把表现优秀的员工和表现一般的员工区分开来的，包括特定情境中员工的个人动机、工作态度、技术能力以及知识、价值观等特征在内，与工作任务和绩效密切相关，具有一定动态性，能用来预测员工未来绩效的一类特定能力。与胜任力不同，职业胜任力是基于个体获取职业发展和成功所具备的知识、技能和能力，它与员工个人职业发展显著相关。两者有何区别和联系？本章将进一步阐述。

第一节　胜任力理论及其研究

胜任力（competency）来自拉丁语 competere，意思是适当的。胜任力这一概念被提出后，就成为全球研究的焦点（McLagan P. A.，1997）。在有关胜任力的研究中，目前主要从两个方面来开展：一是个体层面的胜任力研究，二是组织层面的胜任力研究。

一、个体胜任力研究

胜任力概念真正引起人们重视要追溯到 20 世纪 60 年代后期，在当时的背景下，以物为中心的企业管理实践逐步转向以人为中心，同时，以智力测评和以能力测评为主要内容的人才测评理论因为在预测员工工作绩效方面的明显局限性，也受到越来越多的质疑。此时，美国国务院决定放弃传统的人才测评方法，并邀请哈佛大学心理学家马克克莱兰德（McClelland）进行人才测评新方法的项目研究，以此来筛选外交官和情报官。针对这一问题，马克克莱兰德提出了胜任力这一理论概念，并且创造性地开发了"行为事件访谈法"（behavior event interview，BEI）来进行胜任力特征的提取，取得了较好的实际效果。马克克莱兰德教授通过一系列的实证研究，发现在行为和思维方式上，杰出的外交官与一般的外交官存在差异，从而得出：个人工作绩效的高低并不能很好的通过传统的学术能力和知识技能测评来预测，而诸如"人际理解""成就动机"以及"团队影响力"等胜任力可以从根本上影响工作绩效。针对上述研究成果，1973 年马克克莱兰德在《美国心理学家》杂志上发表了一篇名为 *Testing for Competence Rather than for Intelligence* 的文章，在文章中指出了传统智力测验和能力倾向测验的局限性，并认为他们不能够很好地预测职业的成功或生活中的其他重要成就，而是应该用那些在某一特定工作中对个人工作绩效高低有直接影响的特征测试代替智力测试和能力倾向测试。在文章中他提出了胜任力的概念，即胜任力指与工作绩效相联系的知识、技能、能力、特质或动机。此后，学者斯潘塞等人（Spencer et al.，1993）经过二十多年对胜任力的研究和应用，提出了冰山模型（the iceberg model）、洋葱模型（the onion model）和胜任特征辞典，并将胜任力区分为五个种类或层次，由高至低依次为：动机、特质、自我概念、知识和技能。在之后的研究中，斯潘塞为了区分工作绩效一般者和绩效优异者，又把胜任力分为基准性胜任力（threshold competency）和鉴别性胜任力（differentiating competency）。前者是对任职者的基本要求，是较容易通过后天教育和培训来发展的知识、技能；后者是指高绩效者所具备的条件，是在短期内较难改变和发展的特质、动机、自我概念、态度、价值观等，并且鉴别性胜任力能够将绩效一般者与绩效优异者区分开。

个体胜任力是可以区分在特定工作岗位、组织环境、文化氛围中的与个体工作结果有关的，可以衡量的个人特征，这种根本特质是相当深刻且持久的个体人格的重要组成部分，它能有效预测个人在工作情境中的行为表现。

二、组织胜任力研究

研究者更多的把组织的胜任力称为组织的核心胜任力（core competencies）。组织层面核心胜任力主要是指使组织成为具有竞争优势的组织整体的知识、能力、技术以及特质等的集合体。其中，知识是与员工所在职务的工作绩效直接相关的内容，是员工通过学习或其他途径获取的；能力是指员工为完成工作任务所进行的生理和心理活动的潜力，而且不必牵涉使用装备和工具；技术是指员工使用装备或机器而执行工作任务的潜力，这种潜力一般来源于经验或者反复的应用；特质是指员工具有的潜在行为表现，如个人特质、动机和兴趣等。

他们把组织层面的核心能力定义为：组织中竞争对手难以模仿的、对不同生产技术和科技的协调以及整合的持续学习能力，这种能力能够通过提升终端产品消费者的价值而为企业带来巨大的市场。普拉哈莱德和哈默尔（Prahalad & Hamel，1990）是组织胜任力研究的启蒙者。在普拉哈莱德和哈默尔（1990）的研究中，他们认为组织层面的核心胜任力包括三个方面：一是提供进入或适应变化市场的潜能；二是对终端产品做出的有价值和有意义的贡献；三是较难模仿的竞争优势。组织核心胜任力能够把组织的策略和组织中的职位联系起来，哈默尔和普拉哈莱德（1994）进一步指出，组织成功的发展重点是建立以胜任力为基础的技能理解力。1997年，学者尤里奇（Ulrich）扩展了哈默尔和普拉哈莱德的组织胜任力内涵，并在此基础上将个人层面和组织层面的胜任力联系在一起。他认为组织的竞争潜力是在过去成功以及未来机遇的基础上建立起来的，并且组织胜任力代表组织内的集体能力、技能和经验，能够描述组织可以干什么

（what）和怎样干（how）。

三、胜任力模型

胜任力模型（competency model）是指承担某一特定职位角色所应具备的胜任特征要素的综合，它是某个工作岗位或职业的绩效优秀者为成功而出色地完成工作任务所使用的知识、能力和合适的在岗行为的组合。也就是说，胜任力模型的构成要素主要有三个方面：知识、能力和合适的在岗行为。知识就是从事该工作所必须掌握的知识和技术，例如关键技术的掌握等；能力是指取得成功绩效所必需的能力（包括非技术能力和技术能力）；合适的在岗行为则需要知识与能力的协调，例如与他人积极沟通、搜寻所需要的信息等行为。一般来说，胜任力模型的结构有三个层次：胜任力类别、相应的定义和典型的行为表现。针对一个岗位或职业建立的胜任力模型包括：几大类在这个职位取得出色绩效所需要的胜任力名称、定义、每个胜任特征的典型行为表现等。

斯潘塞等（1993）提出了胜任力的冰山模型（见图2-1），他们把个体特征区分为水上冰山和水下冰山，即外显和内隐、可见和不可见，形象说明了对人们工作绩效有预测作用的个体特征中，除了可见的、外显的知识（knowledge）和技能（skill），更重要的是深层的、不可见的、内隐的、核心的动机（motives）、特质（traits）和自我概念（self-concept）。动机是个人引起行为的意向或欲求，动机将会驱使个人达成特定的行动或目标；特质是个人生理上的特质以及对情境与信息的一致性反应，例如好眼力；自我概念是个人的态度、价值观及对自我的想法；知识指个人在特殊领域所具备的讯息，但知识有时无法预测工作绩效，因为无法评估是否会在工作上使用，仅可预测某人"可以做"但无法预测他会"做什么"；技能指完成工作的生理或心智能力，包括分析性思考及概念性思考。这五类特征具有层次性。知识和技能最容易观察到，容易培训，教育训练是最佳的方式，投入教育成本就会有一定收获，构成了基准性胜任力（threshold competency），其特点是：有效执行工作所需的最低程度和对任职者的基本要求，无法区分卓越绩效与一般绩效者。特质和动机处在最深层次，也最难于改变，对于企业组织而言，用甄选的方式来选择具有所需要特质的员工比较合乎成本效益；自我概念则处于中间层次，经过适当的培训或者成长性的经历，也是可以改变的（Spencer，1993）。动机、特质和自我概念等构成了鉴别性胜任力，其特点是：在短期内较难改变和发展，能够区分绩效一般与绩效优异者，是胜任力模型的核心构成部分，常见的有"成就导向""主动性""影响力"等（Spencer，2003）。在实际的人力资源培训与开发的过程中，总会存在一个误区，人力资源部门都会比较注重对人员知识和技能的考察，认为具备岗位所需的知识和技能是表现出色的充分条件，其实不然，"冰山"以上的可见部分，即知识和技能的区分程度不大，"冰山"下面的不可见部分，即特质和动机，以及自我概念才有明显的区分。优秀管理者认为，"我们管理团队可以做好宏观的、全面的管理，我们具有高成就动机和高权力动机"，而一般管理者则认为，"我可以做好具体的、细致的工作，我可以达到个人理想的业绩"。也就是说，"冰山"以下的自我概念、特质和动机等深层的胜任力特征才是决定人们行为和表现得比较稳定的关键因素。

图 2-1　素质冰山模型

分析胜任力的层次，可采用美国学者 R. 博亚特兹（Richard Boyatzis）

提出的"洋葱模型"（见图 2－2），它展示了胜任力构成的核心要素，并说明了各构成要素可被观察和衡量的特点。洋葱模型中的各核心要素由内至外分别是动机/个性特质、自我形象、社会角色、知识、技能等。

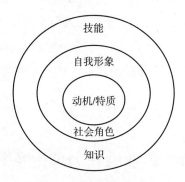

图 2－2　素质洋葱模型

　　与学者斯潘塞（1993）的研究类似，动机是推动个体为达到目标而采取行动的内驱力；个性特质是个体对外部环境及各种信息等的反应方式、倾向与特性；自我形象是指个体对其自身的看法与评价；社会角色是个体对其所属社会群体或组织接受并认为是恰当的一套行为准则的认识；知识是个体在某一特定领域所拥有的事实型与经验型信息；技能是个体结构化地运用知识完成某项具体工作的能力。

　　洋葱模型是从另外一个角度对冰山模型进行解释的。与冰山模型相比较，"洋葱"最外层的知识和技能，相当于"冰山"的水上部分；"洋葱"最里层的动机和个性，相当于"冰山"水下最深的部分；"洋葱"中间的自我形象与角色等，则相当于"冰山"水下浅层部分。洋葱模型同冰山模型本质是一样的，都强调核心胜任力或基本胜任力。对核心胜任力的测评，可以预测一个人的长期绩效。而洋葱模型更突出潜在胜任力与显现胜任力的层次关系，比冰山模型更能说明胜任力各要素之间的关系。

　　胜任力模型为某一特定组织、水平、工作或角色提供了一个分析工具，反映了某一既定工作岗位中影响个体成功的所有重要的行为、技能和知识，因而经常被当作工作场所使用的工具（Mansfield，1996；MCLagan，1996；Mirabile，1997）。个体使用胜任力模型，能够帮助自己分辨工作需求的胜任力、工作中的优势、需要提升改进的领域、继续学习和职业成长与发展等。由于胜任力模型不仅可以辨别和发展个体胜任素质，而且可以作为招聘、选拔、人员配置、评估等人力资源活动的基础。埃尔金（Elkin，1990）认为相比于绩效评估，胜任力模型更加适用于人员的选拔与评价。随着社会经济和相关理论的发展，胜任力模型在人员评价中得到广泛的应用。

第二节　职业胜任力理论及其研究

一、职业胜任力的提出

哈科特、比特兹和多蒂（Hackett，Betz & Doty，1985）第一次使用职业胜任力（career competency）这一概念来描述女性追求高水平学术职业生涯所必要的能力，他们通过对一个学术研究机构 50 名女性工作人员的采访，得到这些人员获得职业发展所具备的能力并将其分类，包括沟通能力、人际交往能力、政治技巧、组织能力、职业生涯规划和管理能力、职业晋升技能、岗位特殊技能以及适应认知策略等八大类别，然而当时的研究并没有对职业胜任力进行明确的定义，而且对上述分类没有进行验证（Jan Francis-Smythe et al.，2013）。霍尔（Hall，1992）认为组织的竞争优势来源于组织的胜任能力，并且认为最主要的组织胜任能力包括组织文化（film culture）、知道怎么样（know-how）和人际网络（network），这些组织胜任力是组织能获取成功最为重要的资源。既然组织获取成功最为重要的胜任力包括上述方面，同样，对于个人来说，哪些能力能使其在职业上获得成功呢？1994 年，德菲里皮和阿瑟（Defillippi & Arthur）将组织胜任力帮助组织获取成功的探讨引入个人职业方面，并结合无边界职业生涯的特点，对个人职业胜任力进行了阐述，并首次明确定义了职业胜任力（career competency）的概念，包括知道为什么（knowing-why）、知道怎么样（knowing-how）和知道谁（knowing-whom）三个维度。他认为这三个维度能够与学者霍尔提出的组织文化（film culture）、知道怎么样（know-how）和人际网络（network）一一对应。其中，知道为什么（knowing-why）指职业动机、个人价值和身份，是与动机能力、开发各种潜能和适应工作环境的变化等紧密相关的；知道怎么样（knowing-how）是指与职业相关的技能和工作相关的知识、职业认同，而这些知识和技能的积累有利于组织和个人的发展；知道谁（knowing-whom）是指与职业相关的人际网络和关系，包括与组织中利益相关者的关系（如供应商、顾客）和个人的关系（如职业和社会支持）。

通过对德菲里皮和阿瑟提出的职业胜任力三个维度的探讨，可以看出：学者霍兰德（Holland）等人就价值和兴趣以及组织社会化、团队建设等方面的研究，在一定程度上代表了对"知道为什么（knowing-why）"职业胜任力的研究；而另一方面，工作分析和设计、绩效考核以及关于员工知识、技能和培训等方面的工作类似于"知道怎么样（knowing-how）"职业胜任力；以往对培养人际网络的研究与"知道是谁（knowing-whom）"职业胜任力有关，如表2-1所示。

表2-1　　组织胜任力、职业胜任力以及人力资源管理方式的关系

组织胜任力	职业胜任力	相关人力资源管理方式
组织文化	知道为什么（认同、价值、兴趣）	社会化、团队建设、组织职业发展
知道怎么样	知道怎么样（知识、技能、能力）	工作分析、工作设计、绩效评估、培训开发
人际网络	知道谁（组织内、组织间、专家的、社会的）	人际关系、顾客关系、导师制

资料来源：德菲里皮和阿瑟（Defilippi & Arthur, 1994）。

随后，学者阿瑟（Arthur, 1999）又对职业胜任力的三个维度进行了

进一步的阐释，认为 knowing-whom 这种职业胜任力带来了建立新关系的可能，并可以带来新的工作机会。琼斯和利齐顿斯坦因（Jones & Lichtenstein，2000）认为职业胜任力是职业发展的基石，并揭示了专业服务领域员工职业胜任力对企业发展的影响；伊贝等（Eby et al.，2003）进一步解释了学者德菲里皮和阿瑟提出的职业胜任力概念，并指出 knowing-whom 和 knowing-why 的区别：前者着重于发展机会，但与职业发展相关的工作技能等有关，而并不是 knowing-why 所注重的自我概念或愿意尝试新鲜事物的一般概念。甘兹等（Gunz et al.，2005）研究指出，knowing-how 不是工作方面的学习和积累，而是更加关注于职业方面。

上述学者大都围绕学者德菲里皮和阿瑟对职业胜任力的界定，发展或进一步阐释了职业胜任力的内涵。虽然学者对职业胜任力或其某一方面进行了相关研究，但职业胜任力的结构研究还没有得到统一结论（Kuijpers，2006）。与德菲里皮和阿瑟提出的三维度模型不同，在知识经济时代变动的工作环境、大量流动机会的背景下，库杰帕斯（Kuijpers，2006）从能力、行为、动机三个方面进行检验，提出了应对这种变化的无边界职业模式下的职业胜任力体系，他指出，职业胜任力与员工的职业发展有较高的相关性，从员工自我指导的视角看，职业胜任力是员工对其工作的自我管理和学习，以及职业发展过程中所需要的经验，共包括六个方面：①职业发展能力：指个人在其工作中实现目标和价值的程度；②职业反思：指对员工职业发展非常重要的并且已经具备的思考问题能力；③工作探索：指员工对某特定工作环境所需的价值与其自身特性之间匹配程度的认识；④动机反思：指对员工个人的职业生涯发展非常重要的期望和价值观；⑤职业控制：指与职业相关的规划以及影响学习和工作的过程；⑥人际网络：指个人建立的与其职业相关的网络关系的能力。

在此后的研究中，大部分学者以德菲里皮和阿瑟提出的职业胜任力三维模型为基础，对职业胜任力的维度进行了一些研究。如陈（Chen，2012）根据德菲里皮和阿瑟提出的职业胜任力，通过访谈得出了英国女性管理人员的职业胜任力，认为年龄会对其职业胜任力产生影响，并研究了

EMBA 教育对女性管理人员职业胜任力各个维度的影响。在国内，学者余琛（2012）在其国家自然基金课题《心理契约视角：知识型人才的职业成功的内外力和谐动态发展研究》成果中阐述了德菲里皮以及库杰帕斯等人对职业胜任力的研究，认为知识型人才的职业胜任力对其职业成功的获取具有重要作用，其研究得出知识型人才的职业胜任力包括三个维度；王等（Wang et al.，2012）研究了我国台湾国际旅游饭店中食品管理人员的职业胜任力，并利用小组讨论和德尔菲法构建了其职业胜任力模型，包括职业发展和规划、核心雇佣能力两个维度，这些研究为本书的研究提供了良好的借鉴。

可以看出，德菲里皮等、伊贝等和库杰帕斯等人对职业胜任力的研究进行了总结，从原有各方面的探讨集中到职业胜任力这一层面上来，但关于职业胜任力的结构以及构建方法还没有统一的标准，通过比较两个模型可以看出，三维度职业胜任力的内容更全面，其内涵中包括了库杰帕斯等人六维度的大部分内容。如六维度中的人际网络维度从属于 knowing-whom 维度，职业洞察力包括了职业动机的部分内容（London et al.，1993）。

二、胜任力与职业胜任力的异同

（1）从两者的定义来看，目前应用较为广泛的胜任力定义是指：将某一工作中卓有成就者与表现平平者区分开来的个人潜在的特征，它包括动机、特质、自我想象、态度、价值观以及某领域的知识、认知或技能——任何可以被可靠测量或计数的并且能显著区分绩效优秀与绩效一般的个体特征。并且被区分为基准性胜任力（对任职者的基本要求，容易通过培训和教育来发展的知识和技能）和鉴别性胜任力（高绩效者在职位上获得成功所必须具备的条件，包括特质、动机、自我概念、态度和价值观等，在短期内较难改变和发展）。而职业胜任力概念的提出是基于组织获取成功所需的组织胜任力的思想，认为个人获取职业成功应该包含哪些职业胜任力，它与员工个人职业发展显著相关。从人力资源管理的角度，职业胜任力中 knowing-how 指工作所需的技能和知识，这些内容又构成了胜任力的一部分。因此，胜任力与职业胜任力不能简单地概括为胜任力包括职业胜任力或者职业胜任力是一种特殊的胜任力，两者既存在区别又存在联系，厘清两者的关系对于胜任力与职业胜任力的理论应用和发展至关重要。

（2）从两者的结果变量来看，以往学者在对胜任力的研究框架进行整合时，将个人绩效作为胜任力的结果变量；而职业胜任力对职业成功具有影响作用。但两者之间并不是孤立存在的，我国学者陈万思（2005）在基准性胜任力和鉴别性胜任力的基础上提出了发展性胜任力（development competency），并将其界定为有助于特定职位（工作）的高绩效者向上发展为其更高层级职位（工作）的高绩效者所必须具备的发展条件（即人们通常所说的"潜力"）。学者巴奈和哈里（Banai & Harry，2004）指出，拥有高 knowing-why 的人容易取得良好的绩效水平并且寻求正规的培训和发展机会，以获得可转移的技能。同时，拥有高绩效的员工被认为有更有利的晋升前景，并且有更高的职业满意度，而职业满意度则是主观职业成功的重要衡量指标。因此，职业胜任力与绩效之间，以及绩效和职业成功之间存在一定的关联，现有研究对于职业胜任力与职业成功相互关系及作用机制的研究关注不足，今后研究应该在引入绩效管理理论的基础上，对此进行深层次的研究，真正实现职业胜任力对个人职业生涯横向和纵向发展的指导作用。

（3）从两者的揭示方法来看，行为事件访谈（BEI）被学者们认为是比较成熟的胜任特征的获取方法，而从现有文献来看，有关职业胜任力的获取方法没有一个统一的标准，大部分学者使用伊贝等（2003）开发的问卷调查来研究，但其在不同背景下的适用性有待验证。

此外，学者们认为职业胜任力与元胜任力类似，都是关注个人职业的长远发展，两者又存在区别，元胜任力强调个人的判断性思维和学习能力的能力，职业胜任力侧重于与自我职业发展相关的知识、技能和个人行为特质（Haase，2007）。通过以上分析，可以得出胜任力与职业胜任力的比较（见表 2 - 2）。

表 2 - 2　　　　　　　　　　胜任力与职业胜任力的比较

比较项目	胜任力	职业胜任力
提出背景	为了区分绩效优异者和绩效一般者	个人职业发展所需要的能力
典型释义	"将绩优者与绩效一般者区分开来的个人潜在的特征，包括动机、特质、自我想象、态度、价值观到某领域知识、认知或行为技能——任何可以被可靠测量的并且能显著区分绩效优秀与绩效一般的个体特征"（Spencer，1993）	德菲里皮和阿瑟（1994）的三维度定义；库杰帕斯（2006）的六维度定义
结果变量	绩效	职业成功
研究方法	BEI 以及问卷调查法	无统一标准，有待研究

第三节　技能人才的职业胜任力阐释

如前面文献所述，职业胜任力被阐释为对于个人职业发展至关重要的知识、技能、能力和个人特质等，并且这些特征可以由个人不断发展。另一方面，职业胜任力也指员工在职业发展和适应职业发展过程中完成一系列任务的能力，这种能力在员工根据自己的特征选择合适的职业，找到合适的工作，调整和变换工作时会发挥积极的作用。因此，在今天的工作环境中这些能力对所有员工都至关重要。学者们研究认为，在过去的 15 年，劳动力市场的快速变化导致了组织中的职业生涯管理模式发生了转变，这种变化带来了更多的职业选择和变换的灵活性，被称为"新职业时代"（Kanten，2014）。在这种情况下，员工需要承担管理自己职业生涯发展的责任，并在职业发展过程中，把自己调整进入到一个更灵活的职业生涯时代。因此，员工进行持续的学习、获取相关资源、提升职业适应能力，取得工作和职业的成功显得至关重要。随着时间的积累，职业胜任力对于员工职业成功的获得而言越来越重要。如上所述，职业胜任力分为三种类型：即"知道为什么（knowing-why）""知道怎么样（knowing-how）"以及"知道谁（knowing-whom）"，本书将在该职业胜任力分类的基础上，讨论企业技能人才职业胜任力的特性内涵。

一、技能人才 knowing-why 职业胜任力

在伊贝（2003）等人的研究中，knowing-why 职业胜任力包括三个维度，即职业洞察力、主动性人格和经验的开放性。对于技能人才来说，首先，技能人才工作绩效除了受其专业技能水平影响外，工作态度、工作激励、工作评价等也影响技能水平的发挥，技能人才的人力资本可替代性差，随着全国劳动力市场的统一和开放，其流动性将进一步增大，在技能人才流动的同时，技能人才的人力资本也随之流动，在流动的过程中，技能人才自身具备的个人特质、性格特点影响其工作的选择和职业生涯的发展，随着积极心理学思潮的掀起，关注人的潜能、积极人格或积极心理品质成为心理学研究的新趋势。在此种背景下，关注技能人才积极优势和心理能力的激励，以有效解决工作中的冲突、压力和工作倦怠，改进不良态度等成为研究的一个新视点（毛晋平、文芳，2012）。技能人才是以自己拥有的知识和能力来从事职业活动，技能人才一般与用人单位建立劳动关系或者其他合同关系，提供特别的技能服务，以自己拥有的知识和技能来取得工作绩效和劳动报酬，以满足自己的物质需要、精神需要和成就需要，因此，主动采取行动以改变外部环境的行为倾向性，是其获取职业成功的一个重要方面。20 世纪 90 年代，贝特曼和克兰特（Bateman &Crant, 1993）提出了主动性人格概念（proactive personality），所谓主动性人格即指个体不受情境阻力的制约，不断探寻新的途径，善于捕捉机遇，主动采取行动以改变外部环境的行为倾向性，是影响主动性行为的稳定的个体特征，他们认为高主动性的人更能发现机遇、抓住机遇，并能更好地面对挫折。有学者研究得出高主动性人格的人具有的品质或者核心特征包括如下五个方面：第一，具有较高的专业组织技术、问题解决的能力和展现出卓越的绩效，胜任自己的工作；第二，可信赖，并具有人际交往能力；第三，具有积极的工作态度、与组织相一致的价值观，并在工作中表现出对组织成功的责任感以及对组织目标具有较高的承诺；第四，具有较高的工

作投入（engagement）水平，具备积极进取的品质，如主动性、独立判断、勇于说出自己的想法等；第五，具有较高的价值追求，并能够展现出正直、诚信的品质。因此，技能人才主动性人格是其 knowing-why 职业胜任力的重要组织部分。

其次，职业选择理论通过了解人自身的"个性特质"和不同职业的需求和"类型特征"，依照自己的职业期望和兴趣选择人的职业。对技能人才来说，技能人才以其拥有的知识与技能并通过专业操作服务雇主，大多具有良好的职业道德、坚定的职业信念和追求事业成功的职业精神，然而，影响和制约技能人才职业选择和发展的因素很多，主要包括受教育程度、不同行业工作性质、实践经验、社会环境、工作能力、优缺点、先天条件和后天的影响，因此，技能人才应明确其优势和劣势，把握自我条件和不同行业工作性质的协调和匹配，这就需要其具有良好的职业洞察力，伦顿（London，1993）等人认为职业洞察力反映了员工现实的职业期待，体现了一个人的优势和劣势，并能很好地说明其职业目标。技能人才是人才市场的佼佼者，能够解决生产、建设、管理、服务等一线岗位中的复杂问题，常受到追求卓越的企业追捧，稀缺性决定了技能人才具有较高的薪酬水平，技能人才的职业声望也随着经济社会发展不断得到提高，技能人才将企业技术创新转化为现实生产，推动技术创新走向更高层次，然而，随着科学技术的快速发展，新技术、新科技手段的不断应用，要求技能人才不断学习掌握新知识、新技能，具有较强职业洞察力的技能人才能及时收集企业内外部的各种信息，及时做好职业生涯发展、应对的准备，并参与相关的开发活动，他们会经常更新技能，以防止技能老化。因此，技能人才职业洞察力也是其 knowing-why 职业胜任力的重要组织部分。

最后，经验的开放性也被认为是 knowing-why 职业胜任力的一个重要方面，从大五人格模型的相关分析可以得知，具有较高经验开放性特质的人，富有想象力、具有好奇心，心胸开阔，非常活跃。如上所述，技能人才需要较高的创新和学习能力，其中创新学习主要体现的是技能人才在创新学习上的关注度、努力程度以及更新知识的能力，创新思维主要指技能人才批判意识和创新灵感和创意，体现的是技能人才对创新事务的敏感度，创新技能主要衡量的是技能人才创新活动的成果（吕钦、鄢平，2009）。考斯塔等人（Costa et al.，1992）研究指出经验开放性程度高的人乐意寻求的新的体验，愿意接受新的观念，人们的信念、价值与归属是源自于组织文化的稳定、不易改变的特质，对于技能人才而言，没有创新也就没有生命力，故而经验的开放性要素成为技能人才 knowing-why 职业胜任力的关键性指标，这种职业胜任力是与动机能力、开发各种潜能和适应工作环境的变化等紧密相关的。

二、技能人才 knowing-how 职业胜任力

孔（Kong，2012）等学者认为"knowing-how"是指与职业相关的技能与知识，而这些知识和技能的积累有利于组织和个人的发展，同时还包括职业认同。现代技能人才技能、知识和能力标准，是以经济结构调整和行业人力资源需求预测为基本依据的。何七荣（2006）等人根据现代社会发展的需求和趋势研究得出了技能人才职业相关技能的核心要素，即良好的职业道德和较高的岗位实践能力、创新能力，也即能够综合运用所具备的知识、方法和技术手段来分析和解决各种社会或工程问题，以此来推动社会和技术的进步。在与具体的岗位相结合方面，龚尚猛（2011）基于工作岗位的性质和内容以及市场对于技能人才的现实需求研究得出，技能人才的素质框架里主要包括了专业技能指标、管理能力指标、创新能力指标和综合性指标4个方面的内容。专业技能指标具体包括机器及设备操作能力、技术问题解决能力、技术指导能力以及技术员工培训能力，这些内容主要反映技能人才的专业知识和操作技能以及职业能力；管理能力指标包括沟通能力、决策能力、协调能力、计划能力、监督能力以及组织能力，主要体现技能人才在管理工作方面的技能和水平，而对于很多传统的技能人才而言，这是比较缺乏的一些素质和能力；创新能力指标，具体可以分为：创新学习、创新思维、创新技能三项。汤晓华（2012）等人以

技能人才职业能力分析为基础，提出应根据技能人才知识、技能和素质等要素进行分级分析，并据此构建其 KSA 模型，为技能人才的培养提供了系统化解决方案。

上述有关技能人才能力和素质的研究为企业技能人才职业相关技能和知识提供了一些参考和借鉴。然而，对于与职业发展的职业技能和知识而言，并不完全等同于传统的岗位胜任力，伊贝等（2003）认为与 knowing-how 相关的职业技能和知识与前人讨论的人力资本（如教育和培训等）不同，因为这种职业胜任力与人力资本相比，关注更为广泛和复杂的跨组织技能，甘兹等（2005）的相关研究也指出，这种职业胜任力更加关注于职业方面，强调发展广泛复杂的跨越组织边境的技能，并注重职业学习而不仅仅是与工作相关的学习，因此，关注技能人才与职业发展相关的技能和知识是影响技能人才职业成功研究的重要方面。

此外，职业认同也是 knowing-how 职业胜任力的一个重要方面，职业认同是认同主体对职业的主观看法，职业是人类与社会发生直接联系的关键中介活动，选择一个职业被认为是个人建立自我认同过程的重要组成成分。对企业技能人才而言，职业认同感是其努力做好本职工作，达成组织目标的心理基础。学者况扶华等（2014）在全国范围内对铁路一线青年职工的职业认同进行了大样本（5 000 人以上）问卷调查，结果发现工作技能比较熟练，拥有 3~9 年工龄的职工对职业有着更深的了解，处于能力与工作结合最佳的时期，职业认同达到峰值。伦顿（1993）提出职业认同是能够体现职业发展机遇和渗透职业活动的一种结构，是职业动机的直接组成部分。因此，加强技能人才的职业认同感是增强其归属感、降低职业倦怠的有效途径，也是其职业胜任力提升的一个重要方面。

三、技能人才 knowing-whom 职业胜任力

knowing-whom 职业胜任力包含导师制、组织内部的人际网络以及组织外部的人际网络三个预测因子（Eye et al. ，2003），帕克和阿瑟（Parke &

Arthur，2000）指出，knowing-whom 职业胜任力能够帮助员工建立一个为其提供组织支持和个人职业发展的人际网络，即职业社团。其中，学者伯泽曼和菲尼（Bozeman & Feeney，2008）指出，导师关系是个人的学习和增长经验的重要资源，这是因为导师不仅能够为初学者提供直接的帮助和支持，而且能够为其提供具有挑战性的工作，建立包括组织内和组织外的重要人际网络、广泛的人脉。对于技能人才特别是铁路技能人才来说，传统的师傅带徒弟的方法，是最简单也是较早使用的技能人才培养方式，该种方式在技术独特的场合中使用起来最有效（吴芸，2007），有些师傅积一生的努力积累了一些特殊的技能、知识、工作的诀窍，独到的经验是很难形诸于抽象的概念、语言文字的，只有在共同的工作中才能传授。目前，铁路企业仍在大力使用这种方法培训高级技能人才，如每名高级技师每年带 2 ~ 3 名技师，每名技师每年带 3 ~ 4 名高级工；并将高铁运营前的联调联试阶段作为铁路技能人才师带徒的黄金时期，对于技能人才的技能提升发挥着重要作用。

然而，扩展到技能人才的职业发展方面，导师制并不只是师傅与徒弟的关系，而是从职业生涯的指导出发，形成的一种新的人才开发机制，通过在企业智力层面构建良好的学习工作氛围和机制来满足企业对人才的需求，导师与被指导者之间的关系既可以是由组织安排的正式指导关系，也可以是自愿形成的非正式指导关系。学者克拉姆（Kram，1985）研究认为，导师主要行使职业支持和心理支持两个方面的功能，导师一般会在职业规划和个人发展给被指导者提出反馈性意见，帮助他们在工作中获得成功。同时，导师关系能够实现双方获益的局面：一方面被指导者在导师指导过程中获得知识，并得到人际关系拓展方面的训练；另一方面，导师可从指导过程中掌握当前学科的最新发展由此激发其工作的创造力。因此，从 knowing-whom 职业胜任力层面研究技能人才的职业发展，扩展了技能人才"师带徒""传帮带"的应用范围。

此外，希金斯等（Higgins et al. ，2001）、刘宁（2007）认为在无边界职业生涯背景下，个人除了与其组织内部保持良好的关系外，还需寻求组织外部的支持以及发展的机会。企业与技能人才双方更多地表现为一种合作伙伴关系，双方互动性增强。企业通过沟通、重视、信任、承诺、支持、合作等一系列新的人力资源管理准则来维系与技能人才之间的关系。很多学者对这种职业胜任力的作用进行了探讨，如阿克尔曼等（Akkermans et al.，2012）认为这种职业胜任力是职业群体发展的结果，人际网络可以提供职业支持并促进个人的发展，他认为这种职业胜任力带来了建立新关系的可能，并可以带来新的工作机会。

四、技能人才职业胜任力研究总结

在经济全球化的背景下，组织的战略和技术越趋复杂，员工成为组织成功的关键因素，特别是员工的职业胜任力，已成为组织人力资源管理的重要工具，其重要性和现实意义已经受到越来越多的关注（Beheshtifar，2011）。从以上文献的分析可以看出，德菲里皮、伊贝和库杰帕斯等人对职业胜任力的研究进行了总结，并进行了新的探索，从原有各方面的探讨集中到职业胜任力这一层面上来，只有德菲里皮等人和库杰帕斯等人明确地提出了职业胜任力，但关于职业胜任力的内涵以及构建方法还没有统一的结论，两者都对以往的文献进行了总结，并在对心理资本、人力资本以及社会资本等进行深入研究的基础上，研究得出了明确的职业胜任力结构体系，然而这两种结构体系存在较大的不同。学者德菲里皮等是借鉴组织层面的胜任力视角将胜任力这一概念运用到个人职业发展层面；而库杰帕斯等在变动的工作环境、大量流动机会的背景下从能力、行为、动机三个方面进行分析，提出了职业胜任力的六维度模型。通过比较两个模型可以看出，六维度中的人际网络维度从属于知道是谁（knowing-whom）维度，但两者的研究都没有和具体的职位相结合。冯明和王跃节（2007）、杜娟（2010）指出，作为个体的一种潜在特质，不同的工作情境、不同的文化环境、行业、职位以及不同的个体，职业胜任力会存在差异。

总之，国外学者对职业胜任力已经有了较为深入和系统的研究，对于我们理解职业胜任力的内涵以及相关理论具有较好的借鉴作用。然而，限于研究对象的不同和文化背景条件的差异，国外的一些研究成果和结论不一定可以指导我国企业员工职业胜任力的提升以及企业利用职业胜任力进行员工职业生涯管理方面的实践，对于我国这样一个具有深厚文化底蕴和鲜明文化特征且正处于经济转型时期的国家，应研究自身文化背景下的职业胜任力，从而更好地利用职业胜任力进行员工的职业生涯管理。此外，伊贝等（2003）指出，职业胜任力各个维度之间的关系及其对职业成功影响的程度，是学者们后续需要进行研究的问题。因此，本书将采用伊贝等对职业胜任力的界定，并在此基础上阐述技能人才的职业胜任力内涵及其在中国情境下的应用。

第三章

职业成功与技能人才职业胜任力

本章主要是对职业胜任力视角下的职业成功理论和研究成果进行文献梳理和评价，为本书实证研究部分提供理论支撑和研究依据。首先对与本研究相关的职业生涯管理理论、职业成功理论进行了简要回顾；其次，对技能人才职业胜任力与职业成功的关系进行了深入的文献分析和总结，揭示所要研究的核心问题的理论渊源，评述其演进逻辑；最后，在上述分析的基础上，对理论和文献综述进行述评，阐述所要研究的理论问题的必要性，为本书所要研究的理论模型的构建和研究假设的提出奠定基础。

第一节　职业生涯管理理论

职业生涯管理理论最早以"职业指导"形式在美国起源，职业指导是指择业者咨询专门机构帮助其确定职业方向、选择职业以及谋求职业生涯发展的指导过程。随后，美国波士顿大学教授帕森斯作为职业生涯管理理论的奠基人，于 1909 年出版《选择职业》著作，对职业生涯管理理论进行了深入研究。随后，苏联、日本、德国等国家开始重视和推崇职业生涯管理理论，并在 20 世纪 60 年代以后得到蓬勃发展。20 世纪 90 年代中期，职业生涯管理理论由欧美国家传入中国，并为人们广为接受。具有代表性的职业生涯管理理论，其历史的演进大致可划分为四个阶段（王鉴忠、宋君卿，2008）：职业选择理论、职业生涯发展理论、职业探索决策理论以及职业发展主动建构理论。职业选择理论主要指个人通过了解其自身具有的个性特质，依据职业期望和兴趣，并且结合不同职业的类型和需求，选择职业的过程。该理论又分为职业—人匹配理论和职业性向理论两种；职业发展理论指根据人的生命周期将人的职业生涯划分为不同的阶段，比较有影响的包括苏帕（Super，1953）和格林豪斯（Greenhaus，1987）的"五阶段理论"、施恩（Schein，1978）的"九阶段理论"等；职业探索决策理论指个体需要不断探索和决策其职业生涯，其中最具代表性的是职业锚理论，职业锚是指个人在职业选择过程中无论怎么选择都不会舍弃的职业价值观；职业发展主动构建理论是美国斯坦福大学教育和心理学教授科姆伯尔特兹（Kmmboltz）于 1996 年从自我效能的角度提出的，指职业生涯的发展是一个主动构建而不是被动发展的过程。

上述分析可以看出，从职业选择理论到职业发展主动建构理论，表明职业生涯管理理论的逻辑演进由静态转向了动态，科技的进步、全球化竞争的加剧和不断变化的组织结构，创造了新的"职业生涯现实"（career realities），这种职业生涯更强调以员工为中心，并要求他们对自己的职业发展进行管理（Haase，2007），而组织的功能更多地投入到对员工职业管理的干预方面（Beheshtifar，2011）。组织对员工职业生涯的干预研究，主要集中在职业生涯战略（Gould，1979；Uzoamaka，2000；等）以及员工能力（Craig，1992）提升方面，并以此来提升员工的工作绩效等相关问题。然而，随着扁平化组织和无边界职业生涯的兴起，只把关注的问题集中在工作绩效是不可能充分支持个人的职业生涯发展的（Arthur，2005）。学者哈斯（Haase，2007）通过实证研究得出，与工作绩效相关的管理活动只对员工职业生涯结果的一个方面有预测作用，即人际交往成功，这一结论进一步验证了只注重对工作绩效的关注不能充分支持员工实现职业的成功。以知识和信息为主导的新经济时代的到来，特别是无边界职业生涯的兴起，追求职业成功业已成为人们职业生涯管理的出发点和归宿（王鉴忠，2009；Olson & Shultz，2013）。

第二节　职业成功及其相关研究

一、职业成功的内涵

对很多人来说，工作是人们生存和生活的核心，工作带给了人们存在和获得认同的意义，在工作中获得成功对于员工和组织都具有重要的意义。因此，获得职业成功（career success）不仅是每位在职人士工作的期望，而且是职业生涯管理理论探索和研究的出发点和归宿。职业成功的含义因人而异，具有很强的相对性。职业成功研究最早可以追溯到 20 世纪 30 年代，学者桑代克（Thorndike）在其书《预测职业成功》中阐述了职业成功的概念，认为职业成功应该区分为主观职业成功和客观职业成功两种，并且分析了职业成功的影响因素，但是此后研究者们在很长一段时期内并没沿用这种职业成功的理论模型，而是采用学者迈克尔·德里弗（Michael Drievr）在 1979 年经过实证分析划分了的职业成功的四种评价标准，主要包括：①螺旋型或攀登型的职业成功，即将职业成功视作不断上升和自我完善的过程；②安全型的职业成功，即认为职业成功是长期的稳定和不易发生变化的工作；③自由型的职业成功，即把经历的多样性视为职业成功；④进取型的职业成功，即把能够深入组织或者进入职业较高阶层视为职业成功，这种划分方法也在当时给职业成功研究者提供了一些启发，认为职业成功因人而异。而被广泛认可的关于职业成功的定义，是学者伦顿和斯图普夫（London & Stumpf，1982）提出的，即认为职业成功是一个人所积累起来的积极的心理上的或是与工作相关的成果或成就。他们的这一定义被许多学者所认同，其后有关职业成功的论文和研究报告大都采用了这一定义，而且有学者在上述职业成功定义的基础上又引入了时间概念，即把职业成功定义为在任一点上个人的工作经历随着时间的推移所获得的工作成就，职业成功是一个人职业经历的结果。

长期以来，职业成功的研究一直强烈吸引着员工职业生涯开发和管理学者以及实践者的高度关注。2002年，职业成功这一研究主题和范畴成为美国管理学年会上学者们关注的焦点，2005年，美国著名的《组织行为学》杂志在同一时间集中发表了五位著名的研究职业成功理论的专家的相关论文，并产生了深远的影响，国内近几年对职业成功的研究也渐渐兴起。当前，随着无边各界职业生涯的提出，主观职业成功更多地受到人们的重视，即个人的心理感受在职业成功中变得越来越重要，职业成功评价指标的研究也越来越丰富。

二、职业成功的评价指标

采用何种衡量指标是职业成功研究的前提性和关键性的问题，对职业成功评价指标的不同理解在一定程度上影响人们对职业行为的选择。对职业成功进行客观和科学有效的评价对员工具有较强的引导和激励作用，能够引导员工树立正确的职业价值观，挖掘员工的工作积极性和潜力。在20世纪90年代以前，由于全球大部分经济模式较为传统，组织环境相对稳定，传统的层级式模式是组织结构的主要模式，在这种模式下，组织与个体属于一种长期的合同式关系，个体在组织间的流动性较小，在这种背景下，以传统的职业生涯理论如苏帕（Super，1957）的职业生涯发展理论为指导的职业成功评价指标研究主要集中于客观职业成功上，对主观职业成功的研究相对较少。阿瑟和卢梭（Arthur & Rousseau，1996）统计得出1980～1994年间在各学科间主要杂志上发表的与职业生涯理论相关的文章中，有75%以上从客观的角度去研究职业成功，这些评价指标主要包括收入水平、晋升次数和职位情况等客观方面。20世纪90年代以后，全球经济在科技的带动下发生了重大的转变，在这种背景下，组织结构模式由传统的层级式结构逐渐向网络式结构转变，传统的长期合同式的组织与员工的关系也逐渐转向短期契约式交易关系。在这种组织环境下，传统以薪酬水平和晋升等客观方面作为职业成功评价指标越来越符合个体的现状。然而，为了应对激烈的市场环境，很多企业通过缩小企业规模或通过减少员工人数来提高竞争力，此时员工薪酬水平的提高和晋升则受到了一定的影响，继续采用传统的客观职业成功评价指标使得很多员工被评价为职业失败，而事实是个体客观上被评为不成功但其主观心理上对其职业具有较高的满意感。因此，此时研究者们开始关注职业成功的主观方面，即个体的主观工作满意和职业满意等。

然而，当由客观职业成功研究转向主观职业成功研究后，新的问题又出现了，这种忽视客观职业成功而过于重视主观职业成功并不能准确和完全地反映出个体职业成功的真实情况。因此，20 世纪 90 年代中期以后，研究者重新将客观职业成功评价指标纳入到职业成功的评价体系中，即综合考虑客观和主观方面。此时的客观职业成功评价指标主要包括薪酬水平、地位和头衔、威望和尊重等，主观职业成功评价指标主要包括工作满意度和职业满意度。

近年来，随着经济的发展和全球化进程的加快，组织的生存环境正在发生巨大变化。大型组织的竞争优势有所削弱，而富有弹性的小型组织逐渐崛起，组织层级缩减，组织间的横向协作机会增多，组织日益扁平化，"无边界职业生涯"概念应运而生。在无边界职业生涯背景下，个体要能够跨越组织边界，在不同的岗位、角色、专业和组织间流动，而不再是在固定的组织中度过整个职业生涯。无边界职业生涯的出现并且逐渐成为雇佣观的主流后，研究者开始在这一多变或无边界职业生涯下来研究职业成功问题，学者德菲里皮和阿瑟（1994）认为无边界职业生涯是超越某一单一雇佣范围而设定的一系列工作机会，学者伊贝（2003）则认为无边界职业生涯下职业成功的员工是不仅可以为当前的组织持续带来价值，而且被其他组织认为是具有市场竞争力的人；同时，她认为个人职业满意度、感知的组织外部竞争力和感知的组织内部竞争力是衡量无边界生涯成功的三个标准。阿瑟（1994）认为在无边界职业生涯时代，组织外对员工的职业生涯支持以及员工在组织间的流动性是除主观和客观职业成功外对职业成功进行评价的重要补充。阿瑟（2005）等对 1992～2002 年间 15 种重要期刊中学者们发表的 68 篇有关职业生涯理论方面的文章进行了统计分析，发现有 57% 的文章从主观和客观两方面融合来研究职业成功的。综上可知，伴随着员工职业生涯环境由稳定到不确定性的变迁，学者们对职业成功评价指标和标准的研究主要是沿着"客观—主观—主客观统一和补充"的路径而进行的，下面将对这些评价指标进行具体分析。

（一）客观评价指标研究

上文所述，传统的稳定的组织环境和金字塔式的组织结构使得职业成功评价指标主要局限在客观指标上。学者休斯（Hughes，1937）认为，职业成功的客观评价指标指可以被证实的成就，例如薪酬水平、组织中的晋升以及职业地位。随着组织结构的日益扁平化，20 世纪 90 年代后，网络式组织结构逐渐取代金字塔式结构，仅仅以薪酬水平和职位晋升作为职业成功的主要评价指标面临较大的挑战，学者们又增加了新的职业成功客观评价指标。如学者塔雷诺（Tharenou，2001）将"管理幅度"指标列入客观职业成功评价指标中，表示对员工的一种激励措施；还有学者将员工"自主权"列入客观职业成功评价指标，认为员工如果在职位方面没有获得上升，组织应给予员工更多的授权，增加其决策的自主权，以激励其职业发展；学者阿瑟和卢梭（1996）将"个人市场竞争力"指标列入到职业成功的客观评价指标体系中，他们认为随着组织的扁平化，特别是无边界职业生涯的兴起，员工将会更加看重其在市场中的竞争能力和组织中稀缺性，并据此形成其人力资本价值，降低其被组织解雇的风险。随后，又有一些学者在其各自的研究中又加入了一些其他指标，但总体来看，有关职业成功的客观评价指标，其本质主要集中在被他人或社会所认可的"薪金和职位"方面，而其他一些指标是能够随"薪金和职位"的获取而拥有。然而，单纯片面地追求客观职业成功可能会带来一些不良后果，如职业价值观的扭曲等等；同时，片面强调客观职业成功容易忽视个体、社会、民族以及时代的差异性所带来的客观成功评价指标的多元性，不同的职业很难适用统一的客观评价指标，如企业管理者重视职业地位和物质成功而工程技术人员可能是专业技能和知识，因此，客观评价指标存在一定的局限性。

（二）主观评价指标研究

由上文可知，桑代克最早对职业成功进行了主客观划分，并用工作满意度来作为主观职业成功的评价指标，认为工作满意度是指员工个人对其所从事的工作的性质、工作任务以及工作环境等的态度和知觉反应，有很多学者认为该指标存在其局限性，认为虽然对工作满意，但如果员工不能获得未来职业发展的机会，并不代表员工职业上获得成功。此后，针对获得职业发展这一内容，学者们又加入了职业满意度这一指标，目前职业满意度经常被学者单独或者和工作满意度结合来评价主观职业成功。学者格林豪斯（Greenhaus，1990）等人进一步发展了职业满意度这一评价指标，认为主观职业成功不仅包含对于实际的而且包含对于期望的与职业相关的成就的反应，并在其基础上开发了职业满意度量表，受到了广泛的应用。由此，主观职业成功评价指标的提出弥补了单纯以客观职业成功评价指标的不足和局限，然而主观职业成功的这些评价指标也存在其局限性，例如一个工作平庸、职业发展不成功或者失败的员工其在特定的条件和时空背景下可能也会有较高的工作满意度或者职业满意度。因此，工作满意度或者职业满意度并不能完全地反映主观职业成功的本质内涵。针对此种局限，学者们又不断探索新的指标来衡量主观职业成功，并设法进行主客观融合，但一直难以有所突破。

（三）主客观标准的融合

由客观和主观职业成功的探索可知仅从客观或仅从主观方面去评价职业成功均存在一定的片面性，基于职业生涯的二元性和完整性特点，应将主观和客观方面结合起来对职业成功进行评价。有学者研究发现，不仅应将主客观评价指标进行融合，而且主客观评价指标又相互影响。如阿瑟等学者（2005）通过总结和综述前人对职业成功评价指标的研究，得出客观职业成功对主观职业成功存在影响作用，客观职业成功评价指标如薪酬、职位晋升等促进主观职业成功如工作满意度或职业满意度水平的提升。提默西等人（Timothy et al.，2010）通过元分析得出工资水平与工作满意度存在正相关关系，即工资水平的提高能为员工带来更高的工作满意度；学者史蒂芬和沃尔特（Stephen & Walter，2012）通过对638名员工的实证分析得出，客观职业成功评价指标中晋升和薪酬的增加对主观职业成功具有正向的影响作用，特别表现在男性工作者身上。可知，员工的工作或职业满意度以及自我认知受到其在组织层级中的职位以及收入水平的影响，同时，学者们也得出主观职业成功也会对客观职业成功起到促进作用，即主观职业成功在一定程度上促进员工更加努力工作从而提高工作绩效，进而获得更高收入或职位的晋升等客观成功。

三、职业成功的影响因素

职业成功受到诸多因素的影响，只有揭示了职业成功的影响因素，才能针对性地进行科学的职业生涯的管理和开发，找到职业成功的捷径。学者们针对职业成功的影响因素进行了多方面的研究，总结这些研究，可以得出职业成功的影响因素主要包括四个方面：个体因素、组织因素、社会因素和家庭因素。

（一）个体方面的影响因素

个体方面对职业成功影响因素的研究主要集中在人口统计学变量（如性别、年龄、婚姻状况等）、人力资本以及心理品质（如自我效能、职业韧性、心智模式等）。在人口统计学变量对职业成功的影响研究方面，托马斯等（Thomas et al.，2005）研究认为，人口统计学变量对客观成功特别是与薪酬水平显著相关，并且得出已婚人士和年龄较大的人更能获得高水平的客观职业成功，随着个人工作年限的增加，收入一般会增加；而对已婚的人来说，婚姻意味着稳定、责任和成熟，因此会对职业成功起到一定的促进作用；此外，学者研究得出性别也是职业成功的一个重要影响变量，随着越来越多的女性投入工作，女性职业发展逐渐受到学者们和实践管理者的关注，总体结论是：生育、照顾孩子等家庭因素对女性工作者的职业发展带来一定的负面影响；与男性相比，尽管在工作时间、工作经验以及受教育程度等方面都相同，女性工作者在收入和职位，特别是能否进入企业中的高级管理层仍有较大差别；在人力资本对职业成功的影响研究方面，主要集中在人力资本投入如"学历""工作经验""智力""培训"等方面，根据人力资本理论，一个人对自己的投资可以从个人在劳动力市场的表现来获得回报，然而也有学者指出，并不是所有的人力资本指标都对职业成功有正向影响作用，如培训与薪酬的增长和晋升机会没有显著的正相关；在心理品质对职业成功的影响研究方面，主要集中在职业韧性、心智模式以及自我效能等，如个人在遇到职业高原、倦怠或者职业压力时，较高的职业韧性能够促进其更好的去应对并且获得职业上的成功；同时，心智模式对职业成功也有一定的影响，我国学者王鉴忠（2009）以酒店管理人员为研究样本，实证了成长型心智模式对职业成功的正向影响作用；此外，自我效能作为重要的心理变量对职业成功也具有影响作用，学者史蒂文和阿兰（Steven & Alan，1996）通过研究指出具有高自我效能感的个体更勇于承担挑战性高的工作，设定更高的工作目标，并且对目标有着较高的承诺，从而在一定程度上获得更多的职业发展机会。

（二）家庭方面的影响因素

家庭因素也是重要的职业成功影响因素，这些因素主要包括家庭的社会经济地位、家庭生活质量、家庭结构、工作和家庭平衡等。工作—家庭不平衡会导致个体产生较低的职业满意度，从而影响其主观职业成功，施尼尔（Schneer，1993）等人通过研究得出，婚姻状况、有无孩子等家庭结构对职业成功特别是客观职业成功有一定影响。学者菲弗（Pfeffer，

1982）研究认为一个人家庭的社会经济地位显著的影响其职业成功，另有研究显示，一个人所在家庭关系良好并能获得家庭的坚定支持，更有可能赚更多的钱，有着更高的工作满意度，生活更幸福。

（三）组织方面的影响因素

研究指出，组织的规模、业绩、性质以及组织职业生涯管理活动等组织方面的因素对个体的职业成功具有一定的影响。对于不同组织规模的企业，学者布朗·密多夫（Brown Medoff，1989）研究得出，组织规模较大的企业相比规模小的组织提供更高的薪酬，而且其职位层级和工作岗位更多，可以为员工提供更多的晋升机会，因此会有更大的可能取得职业成功，然而这一关系并不是总是得到验证。因为组织规模大的企业虽然机会多，但由于优秀人才多导致竞争较为激烈，在一定程度上造成晋升困难。同时，学者指出，组织职业生涯开发和管理措施、政策等会影响通过职业满意度和职业认同影响个体的职业成功，如学者布克等（Burke et al.，1994）以及我国学者岳蕾、邬晓艳（2005）通过研究发现，"导师制（Mentoring Program）"的培训与开发活动显著影响一个人的职业成功；同时，学者阿伦等人（Allen et al.，2004）通过元分析也得出，导师制即处于指导关系下的员工不仅能获得更好的晋升机会，薪水和工作效率更高，具有较好的环境适应能力，而且具有较高的工作满意度和较低的离职意愿。学者奥尔班（Orpen，1994）通过120位基层管理人员作为研究样本，对组织职业生涯管理活动与职业成功的关系进行了研究，结果得出两者呈正相关关系。此外，组织的业绩、自身的复杂性以及开放性对员工的职业成功也会产生一定的影响。

（四）社会方面的影响因素

人是社会人，其社会属性决定了个人的职业成功受到社会因素的影响。最早的有关社会因素对职业成功的影响研究是从社会网络视角展开的。个体的社会网络规模、数量以及其参与到社会网络的活动对个体职业成功具有显著影响。学者威尔曼和沃特雷（Wellman & Wortley，1990）研究指出，网络规模越大，陪伴支持的网络成员数量就会越多，可以提供的情感支持物品和服务也会越多，可以提供支持的网络成员的比例也越高。我国学者刘宁（2007）以407位企业管理人员为调查样本，引入社会交换理论实证研究了企业管理人员社会网络对职业成功的影响，并建立了作用模型，得出网络利益（资源和职业支持）在社会网络对职业成功的影响中起到中介作用。

四、职业成功的研究总结

通过职业成功及其相关理论的回顾，可以发现，职业成功实际上是职业生涯管理的一个重要内容和内在要求，职业生涯管理理论变迁推动着职业成功理论的不断发展和职业成功影响因素的变化。

（1）以往职业成功及其评价标准的研究主要集中在"客观标准"和"主观标准"两个方面，在职业胜任力对职业成功的影响研究中，对客观和主观职业成功的作用是分别的。事实上，客观职业成功和主观职业成功内在本身就存在着联系，研究两者的关系有利于进一步厘清职业成功的结构，也为进一步探讨职业成功的产生机理有重要的作用（Arthur et al.，2005）。斯图普夫等（Stumpf et al.，2012）研究指出，在经济收缩时，个人晋升（客观指标）比薪水（客观指标）对主观职业成功的影响较大。同时，不同职业的人群对与职业成功标准看待存在着很大差异，选用一般化的研究对象来获得的一般性职业成功模型，对于具体群体的解释力通常不会太高（张敬德等，2012）；此外，不同的文化背景下职业成功的评价标准是有区别的，于（Yu，2012）研究发现加拿大和中国员工的职业成功评价标准有着显著的差异，我国特殊的文化背景下"关系"对个体职业发展有显著影响。因此，本土视角下职业成功的主客观评价指标特别是技能人才的职业成功评价指标有待研究，本书将对这些问题做深入探讨。

（2）职业成功受到诸多因素的影响，学者们针对职业成功的影响因素进行了多方面的研究，因为只有揭示了职业成功的影响因素，才能针对性地进行科学的职业生涯的管理和开发，找到职业成功的捷径，职业成功的影响因素主要包括四个方面：包括个人因素、组织因素、社会因素和家庭因素。学者伊贝等（2003）指出，随着组织结构的扁平化以及频繁的职业流动（无边界职业生涯的兴起），员工更重视其在职业发展道路中获得的内在满意感等主观因素，弗朗西斯-斯密瑟等人（Francis-Smythe et al.，2013）认为，个人意义上的职业成功正变得越来越重要，我国学者王鉴忠等（2008）也指出，虽然我们要关注职业成功的外部因素如社会、组织性质和规模以及家庭等因素，但更应该关注个体的内在影响因素。而职业胜任力正是综合了员工个人对职业发展所需要的认知、技能和能力，为从个人层面系统研究职业成功提供了新的视角，这方面的研究也越来越受到学者们的重视。

第三节　技能人才职业胜任力与职业成功的关系研究

一、职业胜任力与职业成功关系的理论研究

在职业胜任力对职业成功的影响方面，伊贝等（2003）以某大学458名校友为分析样本，对德菲里皮和阿瑟（1994）提出的职业胜任力的三个维度与职业成功的关系进行了分析，得出这三个维度与职业成功有很高的相关性，说明了职业胜任力三维度有较强的实践意义；库杰帕斯（2006）对无边界职业生涯背景下其提出的职业胜任力六个维度与职业成功做了相关分析，得出职业控制和人际网络与职业成功有很高的相关性。此外，莱特万纳维特等（Lertwannawit et al.，2009）引用学者德菲里皮和阿瑟提出的 knowing-how 维度分析了旅游和医务部门员工的 knowing-how 职

业胜任力与职业成功的关系，得出计算和语言能力、团队合作能力、领导能力以及专业知识对职业成功有显著影响作用，并为组织的培训和员工的职业发展提供了建议；科拉考格鲁（Colakoglu，2011）研究了职业胜任力、职业自主权以及职业不安全感对主观职业成功的关系，其中，职业胜任力采用德菲里皮和阿瑟（1994）提出的三维度模型，得出 knowing-why 和 knowing-how 对主观职业成功有很高的预测作用；孔等人（Kong et al.，2012）通过研究发现，职业生涯管理通过职业胜任力（三维度模型）对职业满意度起作用，并通过酒店从业人员进行了实证研究，验证了上述结论。由上述文献分析可知，学者们对职业成功影响因素的探讨较多，这些研究中大多涉及职业胜任力的某个或者某几个维度，但将各种因素综合成职业胜任力，并对其进行综合研究的较少。

同时，前人的研究中可以看出职业胜任力对职业成功有一定的影响作用，但是否所有的职业胜任力维度都对职业成功有显著影响，其影响的机理是什么，鲜有研究涉及。虽然学者们对职业成功影响因素的多方面考察，使我们明确了促成职业成功的诸多前因变量，为今后职业成功的进一步深入研究创造了条件，这些研究包含了职业胜任力的某些方面或某一维度的内容，但较为零散。如学者沃尔夫等（Wolff et al.，2009）研究网络关系对职业成功影响作用的研究中，网络关系其实是职业胜任力 knowing-whom 维度的一个方面；扎法尔等（Zafar et al.，2012）对职业态度、能力发展与职业成功的关系研究中，职业态度以及能力发展也分别从属于 knowing-why 和 knowing-how 维度。同时，从对个体职业发展的纵向研究可以看到，人力资本、职业胜任力等要素并不是直接对职业成功产生作用的，期间受到多个因素的调节作用或者中介作用。基于此，本书将系统研究技能人才职业胜任力与职业成功的关系，并探索中间变量。

二、技能人才职业胜任力对职业成功的影响作用

在上述研究中，探索出技能人才职业胜任力符合职业胜任力的

"knowing-why" "knowing-how" 和 "knowing-whom" 三个维度，下面将分别探索这三个维度对职业成功的作用，以期阐述技能人才职业胜任力对其职业成功的影响作用。

首先是 "knowing-why" 维度。其包含职业洞察力、主动性人格和经验的开放性三个方面，职业洞察力指员工具有现实职业期望、能够了解其优缺点以及具体职业目标的程度（Noe，Noe & Bachhuber，1990），对自己能够全面了解的员工更容易知道其感兴趣的工作，从而能够设定清晰的职业目标（Suutari & Makela，2007）。在企业中，技能人才通过这些认识与职业目标相联系，具有较强职业洞察力的技能人才能及时收集企业的各种信息，及时做好职业应对的准备，并参与相关的开发活动，他们会经常更新技能，以防止技能老化，对企业具有很强的责任心。鉴于这些特点，技能人才会加大对其职业、所在行业以及相关社会领域的投资（如朋友、非工作活动等），该投资又反过来提高技能人才在其职业上成功的可能性。如前所述，主动性人格是指个体采取主动行为影响周围环境的一种稳定的倾向，主动性的个体是传达组织使命、发现并解决问题的先导者，他们往往是主动采取行动来改变环境、影响周围的世界，而较少受到环境的约束，同时，在实践中他们能够识别有利的机会，并会采取一系列的主动行为从而带来有意义的改变（Bateman & Crant，1993）。塞伯特等（Seibert et al.，1999）以不同职业、不同组织中的 496 名员工为样本，检验了主动性人格与职业成功的关系，研究发现，主动性人格对客观职业成功（薪资水平、晋升次数）有积极影响，也对员工的职业满意度有积极影响；经验的开放性包括活跃的想象力、较强的好奇心以及对内心感受的专注性（Costa & McCrae，1992），随着无边界职业生涯的兴起，技能人才要不断建立新的技能组合，而具有高经验开放性的技能人才更能够在这种动态的职业环境中获取职业成功。

其次是 "knowing-how" 维度，包括两个方面，一是与职业相关的技能和工作相关的知识，这些技能和知识会随着时间的推移而不断积累，是组织和个人的知识基础（Bird，1996），学者塞马达尔等（Semadar et al.，

2006）指出，员工的知识和技能是其工作绩效的重要衡量指标，具有多种技能水平的技能型人才更容易获得更高的绩效和提升机会（Todd et al.，2009），因此也更容易获得职业成功；另一个方面是职业认同，职业认同是指员工对其职业的肯定，对于技能人才来说，可以是其在技能提升和专业活动方面的专注程度。拥有较高职业认同的技能人才更倾向于寻求定期的培训，不断提升技能和建立网络关系（Suutari & Makela，2007），从而能够坚定其职业信念，有助于其提高职业满意度，获得职业成功（Kong，2012）。

最后是"knowing-whom"维度，指与职业相关的组织内部和组织外部网络和关系，主要包括三个方面：导师制、组织内部的人际网络以及组织外部的人际网络。在技能人才的培养方面，我国很早就实行了师带徒的培养方式，对于技能人才来说，导师（师傅）能够帮助其意识到自己的长处和短处以及需要进一步提升和发展的技能潜力（Ayres，2006），我国学者周小虎等（2009）通过对南京地区的 202 份抽样数据分析，得出员工导师网络效益水平对员工的薪酬水平、晋升次数以及职业满意度有显著影响，并且与职业满意度呈显著正相关。同时，有研究指出，良好的师徒关系在自我职业生涯管理中起到较为重要的作用（Murphy & Ensher，2001）。学者德菲里皮和阿瑟（1994）及莫斯和巴布托（Moss & Barbuto，2010）指出，网络关系有助于员工搜集与职业相关的信息和社会资本；如前文所述，学者刘宁（2007）从社会网络的角度出发，得出了企业管理人员的社会网络通过网络利益对职业成功产生显著的影响。

员工职业成功不仅受到个体差异的影响，同时也受到企业规模、发展阶段以及组织制度与文化等多种复杂因素的制约，员工的社会网络也是其中一个重要影响变量。此外，随着职业发展理论得到不断的深入研究，更突显了社会资本在个人职业成功所起到的作用。学者塞伯特（2001）及其同事在其研究中注意到组织中的熟人可以提供个人职业成功所需的社会资源，并认为个体所具有的社会资本，特别是其在社会网络中拥有的关系数量和程度，将直接影响个体职业发展中所必需的社会资源（例如，其他职能中的熟人和更高层面的熟人），进而影响个体获取资源、信息以及职场庇护，最终影响其职业成功。

基于上述分析，本书提出如下假设：

H1：技能人才职业胜任力对其主观职业成功具有正向的影响作用；

H1a：技能人才"knowing-why"职业胜任力对其主观职业成功具有正向的影响作用；

H1b：技能人才"knowing-how"职业胜任力对其主观职业成功具有正向的影响作用；

H1c：技能人才"knowing-whom"职业胜任力对其主观职业成功具有正向的影响作用。

H2：技能人才职业胜任力对其客观职业成功具有正向的影响作用；

H2a：技能人才"knowing-why"职业胜任力对其客观职业成功具有正向的影响作用；

H2b：技能人才"knowing-how"职业胜任力对其客观职业成功具有正向的影响作用；

H2c：技能人才"knowing-whom"职业胜任力对其客观职业成功具有正向的影响作用。

第四节　技能人才职业胜任力与职业成功关系的影响要素

一、组织支持感的影响作用研究

（一）组织支持理论

组织支持感是以社会交换理论（social exchange theory）为背景，包括互惠原则（the norm of reciprocity）和拟人化思想，来解释雇员—组织关系的理论。美国社会心理学家伊森伯格（Eisenberger）在 20 世纪 80 年代中期，根据社会交换理论和互惠规则于 1956 年提出组织支持感（perceived organizational support，pos），伊森伯格（1986）指出，在工作过程中员工经常会对组织怎样评估他们为组织所做出的贡献以及组织是否关注其薪酬福利进行综合知觉，如果员工感受到组织对其的支持，即组织的关心、支持或者认同等，员工将会用很好的工作表现来回馈组织的支持。组织支持理论的提出，改变了以往片面强调员工对组织承诺而忽略组织对员工承诺的局限。同时，组织支持理论还在于强调导致员工有意愿留在组织并努力为组织贡献力量的重要原因之一是组织对员工的重视和关心。我国学者凌文辁等（2006）提出，组织支持感是员工所感知到的其所在组织对其工作上的支持，对其福利或利益的关心以及对其价值的认同。

综上所述，组织支持感是员工的一系列主观认知，即对组织是否并如何关心以及怎样重视他们的贡献的感知，当员工感知到组织对其的支持时，员工就有意愿根据互惠原则，通过努力工作来回馈组织所提供的资源和奖励。组织支持感这一概念包含两个核心要素：一是员工对组织是否重视其贡献的感知；二是员工对组织是否关注其幸福感的感知。

组织支持理论为学术界提供了研究的新视角，这一理论一经提出便受到广泛重视，成为心理学和管理学研究中的一个热点问题。就现有研究来看，相关研究主要集中在组织支持感的概念、结构、前因变量、中间变量和结果变量等几个大的方面。首先，在组织支持感的前因变量研究方面，学者邵芳和樊耘（2013）把组织支持感的前因变量总结为四大类：第一类主要是组织或代理人方面的特征，如组织性质、工作选择的自由程度、上级的身份地位、工作条件和安全保障以及组织规模等方面；第二类主要是组织表现或制定出的政策，即人力资源管理政策范围内的组织奖惩、组织公平、员工参与度与自主度以及工作压力等方面；第三类主要是组织代理人与员工关系，如领导—成员交换关系、组织各级代理人的支持、组织氛围、上级反馈、组织认同等；第四类主要是与个体相关的特征，如员工的责任感、回报意识、个性特征以及性别、年龄、学历等人口统计学特征等。其次，在组织支持感的结果变量研究方面主要包括员工态度和行为。员工态度包含员工对组织的信任、组织承诺、工作相关的情感、压力、留职意愿等；员工行为包含角色内行为、工作投入、组织公民行为、工作绩效、建言等。最后，组织支持感的中间变量研究。即在上述前因和结果变量中起到中间作用，如组织支持感在组织公平、企业伦理价值观与员工态度和行为中起到中介作用，在人力资源管理措施和员工绩效之间起到调节作用，在工作价值观和工作满意度间起到调节作用等。

（二）组织支持感的调节作用分析

全球化、技术革新的快速变化要求组织能够获得并留住拥有职业基本技能、具有意愿来发展自己职业生涯的员工，因为在多变的环境中组织的竞争力很大程度上依赖于员工的适应性和员工的基本能力（Wang，2013），当考察职业成功的前因变量和相关因素的时候，组织水平的变量需要考虑，组织支持作为外部的机遇性因素，对职业成功必然会产生影响（张娜，2013）。本书将基于社会交换理论，探讨组织支持感在职业胜任力对职业成功影响中的作用。

社会交换理论产生于20世纪50年代末期的美国，是当代西方社会学理论的重要理论之一。依据社会交换理论，每个人拥有不同的资源，人们往往是通过占有被社会认可的权力资源来确定自己的社会地位，这些资源包括健康、物质财富、成就、能力等。在社会交换理论看来，人的社会行为实际表现为一种商品交换，在这一交换或者互动过程中交换双方往往都考虑各自的利益。人的行为也遵循这一规律，个体的某一特定行为如果得到越多奖赏和支持，其就越会表现出该行为，相反，如果个体某一行为获得收益不大而又为此付出较大代价，那么其往往就会终止该行为，这就是社会交换。交换理论的创始人霍曼斯（Homans，1986）指出社会交换不仅是物质的交换，而且还包括了地位、声望、赞许、荣誉等非物质的交换，以及心理财富的交换。个体在进行社会交换时，付出的是代价，得到的是报偿，利润就是报偿与代价的差值。由此可见，社会交换存在于任何主体之间，人与人、人与组织、组织与组织的关系中，都存在交换。

社会交换理论的思想在企业管理领域中也得到了体现，组织支持感对员工职业胜任力的发挥起着重要作用（Kong，2012），员工的组织支持感影响着员工对组织和职业的认知状况。内部劳动力市场理论（intimal labor market theory）认为，由于激烈的市场竞争，组织为了持续发展的需要，会对员工进行投资，但是这种培训或投资机会对于每一个员工并不是均等的。因此，那些深受上司支持、有机会接受技能培训、并在大型发展中的组织中工作的员工，较易获得职业成功（邵春云，2011）。

从社会交换理论来看，员工感知到组织为其提供各式的人力资源活动，他们将会通过提升自己参与组织活动的能力、提高绩效水平来回馈组织（Stassen & Ursel，2009）。对于企业技能人才来说，首先，组织定期向技能人才提供职业相关技能和专业知识培训、建设性的工作意见，会促使技能人才不断提升工作相关技能和知识水平来解决工作中的新问题，从而提升其"knowing-how"职业胜任力水平的发挥（George & Brief，1992）；其次，组织通过提供社会网络需求和情感支持增强技能人才的组织归属感，从而促使技能人才产生有效的工作网络关系和增加网络关系的机会，提升其"knowing-whom"职业胜任力水平的发挥（Brien & Gardiner，2006），此外，组织为技能人才提供的职业规划指导、挑战性的工作机会等，在一定程度上促使技能人才通过增加其对职业的"投资"，增强工作主动性来回馈组织，从而在一定程度上提升了其"knowing-why"职业胜任力水平的发挥（Baruch，2006）。

因此，较高的组织支持感，促使技能人才将对组织支持的感知转化为对组织的责任感、对职业的忠诚感，产生更高的组织承诺，从而会更努力工作，产生较高的工作绩效和较高的职业满意度（Wayne et al.，1999），最终获得职业成功。基于此，本书提出如下假设：

H3：技能人才组织支持感在职业胜任力与主观职业成功的关系中起调节作用，组织支持感水平越高，职业胜任力对主观职业成功的影响越显著；

H3a：技能人才组织支持感在"knowing-why"职业胜任力与主观职业成功的关系中起调节作用，组织支持感水平越高，"knowing-why"对主观职业成功的影响越显著；

H3b：技能人才组织支持感在"knowing-how"职业胜任力与主观职业成功的关系中起调节作用，组织支持感水平越高，"knowing-how"对主观职业成功的影响越显著；

H3c：技能人才组织支持感在"knowing-whom"职业胜任力与主观职业成功的关系中起调节作用，组织支持感水平越高，"knowing-whom"对主观职业成功的影响越显著；

H4：技能人才组织支持感在职业胜任力与客观职业成功的关系中起调节作用，组织支持感水平越高，职业胜任力对客观职业成功的影响越显著；

H4a：技能人才组织支持感在"knowing-why"职业胜任力与客观职业成功的关系中起调节作用，组织支持感水平越高，"knowing-why"对客观职业成功的影响越显著；

H4b：技能人才组织支持感在"knowing-how"职业胜任力与客观职业成功的关系中起调节作用，组织支持感水平越高，"knowing-how"对客观职业成功的影响越显著；

H4c：技能人才组织支持感在"knowing-whom"职业胜任力与客观职业成功的关系中起调节作用，组织支持感水平越高，"knowing-whom"对客观职业成功的影响越显著。

二、自我效能感的影响作用研究

（一）自我效能理论

自我效能感（self-efficacy）是由美国心理学家班杜拉于 1977 年在其

社会认知理论中提出的。在此之后，这一概念成为心理学、社会学和组织行为学关注的焦点。班杜拉认为自我效能感是指个体应对和处理环境事件的有效性，也就是指个体对自己能否完成某件事情或者某个活动所具有的信念和信心。班杜拉通过大量的研究发现，自我效能感的形成与变化主要受四种信息源的影响，分别是：替代性的经验、直接性、劝说、言词和情感，这四种信息源分别传递着不同的效能信息，并且影响着个体效能的发挥。国内研究者陆昌勤、凌文辁和方俐洛（2000）通过对管理者自我效能感的研究得出，以往的绩效水平、任务的难易程度、绩效反馈、自我成就的要求、组织异质性、文化因素、所感知到的任务的可控性以及情绪特征等是具体影响自我效能感的八个因素。

（二）　自我效能感的中介作用分析

早期学者们对心理学和行为学的研究，主要关注在行为和心理本身或者发生行为的动机原因方面，传统的学习理论也重点关注知识、技能等的学习动机、学习过程以及学习效果上，而忽略了怎样把学来的知识、技能有效的转化成行为或成果的过程，学者班杜拉（1977）指出，在这一过程中存在一个缓冲作用或中介变量，该变量会影响个体对其所拥有的与任务完成有关的知识和技能进行判断和评估，人们可能会高估或低估，也可能会恰当估计，这些参照因素就会影响行为和绩效。工业与组织心理学家研究自我效能感的影响效果，主要集中在自我效能感与工作绩效及相关工作行为的关系，自我效能感与相关工作态度的关系，自我效能感与职业紧张的关系方面（周文霞，2006）。有关职业胜任力和自我效能感关系的研究中，人们多从技能这点上进行探讨，施安克等（Schunk et al.，1985）通过对青少年的认知研究，得出技能对自我效能感有重要影响；帕加尔斯（Pajares，2002）在一项研究中得出，个体的能力可以有效的预测自我效能感，我国学者林崇德、申继亮（1996）也证实了能力是预测自我效能感的一个最重要的变量。同时，在职业胜任力各个维度与自我效能感关系的研究中，赵粉（2013）通过对学生的实证分析得出主动性人格与学业自我效能感有着显著的相关关系，学业自我效能感在主动性人格和学业成绩之间的关系中起到中介作用，该结论与国外学者斯科特（Scott，1999）和雪伦（Sharon，2006）等人的研究相一致。

自我效能感究竟如何在职业胜任力和职业成功的关系中发挥中介效应？社会认知理论提供了有效的理论视角。班杜拉（1977）认为，人们通过个人动因机制为自身的社会心理机能施加着能动性作用，而在各种职业成功动机中，个人的效能信念更是处于核心地位，更具普遍意义。一个人除非相信自己能通过自己的行动产生所期待的效果，否则，他们很少具备行动的动机，因而效能信念是职业成功的重要基础。如上所述，职业胜任力水平较高的人具有更强的自信感，从而促使其去尝试挑战性高的工作，设置较高水平的目标，并表现出较强的目标承诺，从而产生较高的工作绩效水平（Appelbaum & Hare，1996），提高获得职业成功的机会。毛慧琴（2013）以通信企业员工为例，证实了自我效能感在个人与组织匹配对工作绩效的影响中起到中介作用。同时，自我效能感影响个体从事其职业的坚持性和努力程度，自我效能感高的个体，能够努力克服职业中的种种困难，获得职业成功的机会就会更大（Bandura，1997）。阿佩巴姆和哈尔（Appelbaum & Hare，1996）的研究发现，自我效能感与职业成功有相关关系，自我效能感有助于提高员工的工作绩效，从而增加职业发展的机会，国内学者周文霞（2006）认为，自我效能感是影响个体职业成功的重要变量之一。基于此，本书提出如下假设：

H5：技能人才自我效能感在职业胜任力与主观职业成功的关系中起中介作用；

H5a：技能人才自我效能感在"knowing-why"职业胜任力与主观职业成功的关系中起中介作用；

H5b：技能人才自我效能感在"knowing-how"职业胜任力与主观职业成功的关系中起中介作用；

H5c：技能人才自我效能感在"knowing-whom"职业胜任力与主观职业成功的关系中起中介作用。

H6：技能人才自我效能感在职业胜任力与客观职业成功的关系中起中介作用；

H6a：技能人才自我效能感在"knowing-why"职业胜任力与客观职业成功的关系中起中介作用；

H6b：技能人才自我效能感在"knowing-how"职业胜任力与客观职业成功的关系中起中介作用；

H6c：技能人才自我效能感在"knowing-whom"职业胜任力与客观职业成功的关系中起中介作用。

实证研究篇

　　本篇在理论研究的基础上，结合铁路技能人才的工作环境和岗位特点，对铁路技能人才的职业胜任力、职业成功、职业胜任力与职业成功的关系及其影响要素进行了实证研究，以铁路技能人才为调查样本，建立了铁路技能人才职业胜任力模型、铁路技能人才的职业成功评价指标体系，对铁路技能人才职业胜任力对职业成功的作用机理进行了假设检验，并对结果进行了讨论与分析。

第四章

实证研究设计与方法

在本章的研究中，主要对本书的实证研究设计和方法进行了阐述，首先在上文分析的基础上建立了本书所研究的理论模型，其次对实证研究的过程和方法进行了论述，指出了实证研究的三个方面以及所使用的研究方法。总体上：一是通过扎根理论分析得出了技能人才职业成功评价指标的内容，包括主观成功和客观成功，主观成功包括职业满意度、工作满意度和工作—家庭平衡三个方面，客观成功包括物质报酬和技术等级两个方面，并在此基础上编制了《铁路技能人才职业成功量表》；二是关键变量测量工具的选择，对职业胜任力、组织支持感和自我效能量表的来源、引用过程以及信度系数进行了阐述，为后文的假设检验与分析奠定基础。

第一节　理论模型和假设汇总

对职业生涯管理的理想方式是组织层面和个人层面的相互参与，巴鲁奇（Baruch，2006）和孔（Kong，2012）提出了一种平衡的职业生涯管理的方法，其重点就是组织和个人联合管理员工的职业生涯，个人职业胜任力的提升可以促使员工获得职业成功，并通过增强自我效能感提升获得职业成功的可能性；而组织支持感从组织层面影响员工职业胜任力与职业成功的作用关系。因此，根据以上的理论推演和提出的假设我们构建的理论模型如图 4 - 1 所示。

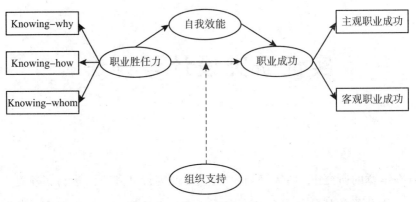

图 4 - 1　实证研究的理论模型

根据上述研究问题以及相关要素之间的关系，研究共形成了 24 个理论假设，如表 4 - 1 所示。

表 4 - 1　　　　　　　　　　假设汇总

假设	假设内容
H1	技能人才职业胜任力对其主观职业成功具有正向的影响作用
H1a	技能人才 knowing-why 对其主观职业成功具有正向的影响作用
H1b	技能人才 knowing-how 对其主观职业成功具有正向的影响作用
H1c	技能人才 knowing-whom 对其主观职业成功具有正向的影响作用
H2	技能人才职业胜任力对其客观职业成功具有正向的影响作用
H2a	技能人才 knowing-why 对其客观职业成功具有正向的影响作用
H2b	技能人才 knowing-how 对其客观职业成功具有正向的影响作用
H2c	技能人才 knowing-whom 对其客观职业成功具有正向的影响作用
H3	技能人才组织支持感在职业胜任力与主观职业成功的关系中起调节作用，组织支持感水平越高，职业胜任力对主观职业成功的影响越显著
H3a	技能人才组织支持感在 knowing-why 与主观职业成功的关系中起调节作用，组织支持感水平越高，knowing-why 对主观职业成功的影响越显著

假设	假设内容
H3b	技能人才组织支持感在 knowing-how 与主观职业成功的关系中起调节作用，组织支持感水平越高，knowing-how 对主观职业成功的影响越显著
H3c	技能人才组织支持感在 knowing-whom 与主观职业成功的关系中起调节作用，组织支持感水平越高，knowing-whom 对主观职业成功的影响越显著
H4	技能人才组织支持感在职业胜任力与客观职业成功的关系中起调节作用，组织支持感水平越高，职业胜任力对客观职业成功的影响越显著
H4a	技能人才组织支持感在 knowing-why 与客观职业成功的关系中起调节作用，组织支持感水平越高，knowing-why 对客观职业成功的影响越显著
H4b	技能人才组织支持感在 knowing-how 与客观职业成功的关系中起调节作用，组织支持感水平越高，knowing-how 对客观职业成功的影响越显著
H4c	技能人才组织支持感在 knowing-whom 与客观职业成功的关系中起调节作用，组织支持感水平越高，knowing-whom 对客观职业成功的影响越显著
H5	技能人才自我效能感在职业胜任力与主观职业成功的关系中起中介作用
H5a	技能人才自我效能感在 knowing-why 与主观职业成功的关系中起中介作用
H5b	技能人才自我效能感在 knowing-how 与主观职业成功的关系中起中介作用
H5c	技能人才自我效能感在 knowing-whom 与主观职业成功的关系中起中介作用
H6	技能人才自我效能感在职业胜任力与客观职业成功的关系中起中介作用
H6a	技能人才自我效能感在 knowing-why 与客观职业成功的关系中起中介作用
H6b	技能人才自我效能感在 knowing-how 与客观职业成功的关系中起中介作用
H6c	技能人才自我效能感在 knowing-whom 与客观职业成功的关系中起中介作用

第二节 研究过程和方法

研究过程和方法如图 4 - 2 所示，研究包括三个部分：研究一，在文献分析的基础上采用扎根理论探索出技能人才职业成功的评价指标，在此基础上编制《铁路技能人才职业成功评价量表》，并对其进行样本统计测试；研究二，即关键变量维度的提取，包括铁路技能人才职业胜任力、自我效能感、组织支持感以及职业成功维度的信效度检验和分析，并采用描述性分析统计铁路技能人才职业胜任力水平；研究三，即铁路技能人才职业胜任力对其职业成功的影响机理，对假设进行检验，建立综合模型，并对结果进行讨论。

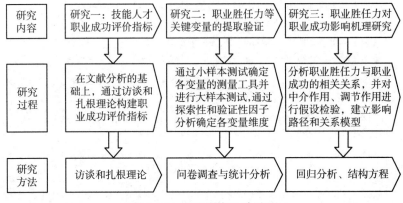

图 4-2　研究方案设计过程

为了检验所提出的理论模型及假设，除了问卷量表设计、数据收集和变量测量要科学合理外，选择合适的研究分析方法也是极为重要的。研究主要采用扎根理论分析、描述性统计分析、方差分析、探索性因子分析、验证性因子分析、相关分析和回归分析。主要步骤是：首先，通过因子分析检测职业胜任力、自我效能感、组织支持感和职业成功的测量维度；其次，在描述性统计分析的基础上，通过方差分析探索样本特征对各变量的影响；再次，利用结构方程模型和回归分析，检验职业胜任力和职业成功之间的关系；最后对自我效能感的中介作用和组织支持感的调节作用进行分析和假设检验。统计工具主要采用 SPSS 19.0 软件包和 Amos19.0。

第三节　扎根理论设计与分析

扎根理论（grounded theory，GT）的方法起源于格拉斯和斯特劳斯两人（1965，1968）19 世纪 60 年代在一所医院里对医务人员处理即将去世的病人的一项实地观察。它是一种定性研究的方式，其主要宗旨是从经验资料的基础上建立理论（Strauss，1987），即在系统性收集资料的基础上寻找反映事物现象本质的核心概念，然后通过这些概念之间的联系建构相关的理论。扎根理论一定要有经验证据的支持，但是它的主要特点不在其经验性，而在于它从经验事实中抽象出新的概念和思想。扎根理论为资料的分析提供了一套规范适用的操作程序，建立了开放式编码、主轴性编码、选择式编码三个编码程序，最后根据编码内容的分析比较，建构形成理论。扎根理论的编码强调对事件的不断比较，发现事件之间的异同，从新的数据中发现新观点、新概念，并帮助研究者更细致地描述这些新发现。

一、样本选取及访谈过程

本研究选取了北京铁路局 20 名技能人才作为本次访谈的对象（为方便统计，对访谈人员编号为 G1 ~ G20），访谈的预约和开展过程为：访谈前一个星期与北京铁路局唐山机务段、动车段以及北京南派班室取得联系，协调好具体的访谈时间和地点，由两名访谈人员各在一间独立会议室分头进行访谈。此次被采访 20 名技能人才皆符合本研究对研究对象的要求，即均为铁路行业的技能人才，具有丰富的经验和良好的技能，自愿接受访谈并且对于自身的职业成功标准有自己的认识和看法。在构建技能人才职业成功评价指标的过程中，同时进行资料搜集与分析，并决定接着搜集哪些资料以及从何处下手。以下是本次被采访的 20 名成员的分布特征（见表 4 - 2）。

表 4 - 2　　　　　　　　　访谈人员的分布特征

项目	选项	人数	所占百分比（%）
性别	男	16	80
	女	4	20

续表

项目	选项	人数	所占百分比（%）
婚姻状况	已婚	17	85
	未婚	3	15
年龄	30 岁及以下	3	15
	31～35 岁	4	20
	36～40 岁	7	35
	41～45 岁	3	15
	46～50 岁	3	15
学历	高中、中专及以下	6	30
	大专	10	50
	本科及以上	4	20
技术等级	初级工	2	10
	中级工	5	25
	高级工	3	15
	技师	7	35
	高级技师	3	15

在正式访谈开始之前，我们首先向被访者说明此次研究的目的和计划，并告诉被访者为何被选为访谈对象，希望从被访者处了解到那些情况，并说明他们的回答对本研究的重大意义以及访谈结果的处理方式。访谈持续时间为每人 40～50 分钟，在征得被访谈者同意之后，我们用录音笔对整个访谈过程进行全程录音，访谈结束之后，立即将访谈录音逐字整理成文字资料。

根据扎根理论研究方法对收集资料的要求，以及半结构深度访谈的方法，我们事先准备相应的访谈提纲，本次访谈的内容范围如下。

（1）被访人的基本情况（婚姻状况、学历、技术等级、年龄、收入等）。

（2）职业成功对于你来说重要不重要？技能人才职业成功取决于哪些影响因素？你心目中职业成功的标准是什么？你认为怎样才算达到了职业成功？

（3）影响技能人才职业成功的职业胜任力因素有哪些？职业成功或

失败的技能人才主要持有哪些职业胜任力或能力？

（4）你是如何认识和思考自身（铁路）职业发展和行业前景的？技能人才职业生涯发展顺境和逆境两种情况下，会持有怎样的自我感知？组织支持在技能人才职业发展中的地位和作用如何？

（5）你能举出一个你认为职业成功的技能人才来吗？你为什么认为他/她是成功的？等等。

上述访谈问题和提纲只是起到提醒和引导的作用，在具体的访谈过程中仍坚持灵活和开放的态度，提问方式和顺序是因人因境而异，一般顺着被访谈者的思路进行提问，对于被访者没有涉及的重要问题，研究者再集中进行追问。

二、资料分析与编码

（一）开放式编码

开放式编码是一个将收集到的资料打散，然后通过分类、进行持续的求同性和求异性比较以归纳出能够描述现象的概念，再将归纳出的概念进一步范畴化的过程。在本研究中，用了如下步骤对访谈资料进行开放式编码。

（1）凝练概念。首先将所访谈的20人的原始访谈资料整理成近8万字的文字稿，其次对相应的文字稿进行初步筛选，剔除与本次访谈目的无关的资料，将其中出现的能反映研究主题的叙述提取出来，并用"（an）"指代每个句子（分析单元），即对现象"贴标签"。然后在此基础上，将资料分解为个别独立的事例、想法、事件和行动，用"An"指代对现象"（an）"的概念化。

（2）发展范畴。在对上述资料进行概念化的基础上，通过不断的求同性和求异性比较把凝练出的概念进行归类，形成范畴，当范畴趋于饱和时再对其进行命名。本研究用"AAn"标示经归类形成的范畴。具体编码的过程见附录 B，表 4 - 3 节选了部分编码的内容。

表 4 - 3 开放式编码（节选）

访谈资料（贴便签，定义现象）	概念化	范畴
G1：我认为职业上的成功首先是在工作中能够认真完成自己的任务，能得到领导和同事的认可，在单位受到尊重，有良好的人际关系，能够轻松完成领导分配的工作，在工作中开心、愉悦。（a1）其次是希望在尽可能的条件下多点时间陪伴父母和家人，家人能够理解和支持我的工作，能协调好工作与家庭的关系。（a2）最后希望获得较高的工资收入，得到的报酬能提高家庭生活的质量，把子女培养好，把老人赡养好。（a3） G2：希望单位的效益好、有优质的产品，这样我也能够有较高的收入水平。（a4）希望通过自己的努力，拿到应得的较高的工资，能用个人的工资让家庭达到甚至超过小康水平，收入与付出成正比，提高生活标准。（a5） G3：希望在职业对应的专业技术等级上得到相对应的报酬，在单位成为工人和领导中受尊敬并且有一定能力的人，并通过自己的努力得到领导和职工的认可。（a6）同时获得的工资收入能让同行和其他岗位的人羡慕，有较高的自豪感。（a7） G4：我认为职业上的成功是工作环境清洁优良，并且稳定，而且单位的同事能够营造一个和谐的工作氛围，在此基础上，能获得丰厚的经济收入，并获得领导的赏识。（a8） G5：我认为职业上的成功首先是自己在工作上要表现突出，扎实肯干，拥有良好的收入，保证家人的消费。（a9）其次，要劳逸结合，有合理的休息时间，在精力充沛工作的同时能够经常与家人一起活动，没有无缘无故的罚款，保证每年工龄假期按天数放够，保证能有时间做自己想做的事情。（a10） G6：我认为只有全面掌握自己的专业知识，做好最基本的工作，在工作中能运用的得心应手，完全能够胜任自己的岗位工作，不断积累经验，才算得上职业成功。（a11）作为一名客车乘务员，应该认真学习业务知识，按照程序标准化操作，与同事、领导、家庭关系和谐，掌握规章制度，对各线路了如指掌，努力完成每次的乘务工作，做好自己应尽的义务，爱岗敬业、保证安全，服务旅客，人人夸我服务好、责任意识强，为铁路事业做出自己应尽的贡献，就已经在本职工作上取得了成功。（a12）……	A1：获得领导的赏识以及同事的尊重和羡慕（a1/a6/a8/a16/a28/a29/a30/a37） A2：获得较高的工资收入（a3/a4/a7/a8/a9/a23/A24/a28/a29/a31/a39/a40） A3：工资收入与付出成正比（a6/a24/a29） A4：获得较高的职称等级（a14/a15/a22/a29） A5：工作得到家人的认可和支持（a2/a30） A6：安全健康、有更充分的休息时间陪伴家人（a10/a19/a21/a23/a28/a41） A7：受到社会的认可，为从事本职业感到自豪，社会地位得到相应的提高（a7/a28/a30）	AA1：获得领导的赏识以及同事的尊重和羡慕（A1） AA2：通过努力付出，获得较高的工资报酬（A2/A3） AA3：通过不断学习掌握过硬的工作技能，获得较高的职称等级（A4/A19） AA4：平衡好家庭和工作之间的关系（A6/A18/A5） AA5：为所从事的职业感到自豪，社会地位得到提升（A7）

在开放式编码阶段，我们从 20 份约 8 万字的访谈原始资料中总共提取了具有代表性的 41 个现象（标签）。在此基础上我们将这 41 个现象（标签）概念化，即分解为 22 个独立的事例、想法、事件和行动。通过对这 22 个概念进行求同性和求异性比较和归类，最终得到了 15 个范畴。具体如表 4－4 所示：

表 4－4   开放性编码中职业成功范畴的归类

编号	范畴
AA1	获得领导的赏识以及同事的尊重和羡慕
AA2	通过努力付出，获得较高的工资报酬
AA3	通过不断学习掌握过硬的工作技能，获得较高的专业技术等级
AA4	平衡好家庭和工作之间的关系，多有时间陪陪家人
AA5	为所从事的职业感到自豪，社会地位得到提升
AA6	获得晋升的机会
AA7	凭借精湛的技术解决各种疑难杂症，独当一面，成为单位的骨干和榜样
AA8	能够顺利、安全的完成单位所交代的任务，做好自身的本职工作
AA9	在所在的岗位取得突出的成绩
AA10	热爱自己所从事的工作，在工作中感到快乐和顺心
AA11	自己所学的技能能够在工作中得到充分发挥
AA12	能够享受单位良好的工作环境和福利待遇
AA13	工作稳定，有自己可自由支配的时间，做自己想做的事
AA14	个人各方面综合能力得到提升
AA15	为铁路事业发展贡献自己的力量

（二）主轴性编码

在完成"开放性编码"后，进行"主轴性编码"（axial coding）。"主轴性编码"（axial coding）是对开放性编码中形成的概念和类别加以类聚，实际上，这两种编码并不具有绝对的次序性，因为在开放编码中，已经开始联结某些概念了。在上述关于铁路技能人才职业成功的开放式编码中，最终得到了 15 个关于技能人才职业成功的范畴。通过对这 15 个范畴进行认真的研究和分析，应用"主轴性编码"中因果条件→现象→脉络→中介条件→行动/互动策略→结果这一典范模型，得到了以下 5 个主范畴。

物质报酬。从访谈的内容可以看出，大多数铁路技能人才最先考虑的关于职业成功评价的因素是其收入水平，例如，被访者 G5 认为"职业成功的标准首先是自己在工作上要表现突出，扎实肯干，拥有良好的收入，保证家人的消费……"被访者 G24 也认为"职业成功评价标准是工资收入能够满足实际生活的需要，没有房贷压力，想买件好衣服不用太算计，吃的一般就行，买得起房，开得起车，娶得起媳妇，养得起孩子……"除了收入水平外，也有部分技能人才从工作环境和其他福利待遇提出了关于职业成功的评价标准，例如 G4 认为"职业上的成功是工作环境清洁优良，并且稳定，而且单位的同事能够营造一个和谐的工作氛围……"G23认为"职业成功是单位多盖些福利房，多发些年终奖……"

对于大多数工作在一线的铁路技能人才来说，物质上的满足是其获得其他层面上成就的基础，具有无可替代性。而且这种满足不仅包括工资收入，还包括其他各种工作设施、工作环境、福利待遇等。因此，通过对铁路技能人才职业成功评价中关于工资收入、工作环境、福利待遇等因素的归纳，我们将物质报酬作为铁路技能人才职业成功评价指标的主范畴之一。

技术等级。本次被访的对象大多数都是活跃在一线铁路技能人才，对于这些职工来说，职业技术能力是其生存的根本，而相应的职业技术等级是其在所在单位甚至铁路行业内身份和地位的象征。不少被访人员在关于职业成功的评价标准中提到了技术等级，例如 G8："作为一名工人，我认为职业上的成功是能够掌握一流的先进机车的操作，出色地完成一整套作业程序，有着过硬的技术业务，取得较高的专业技术职称……"；G14："……努力学习技术，各种机型都会使用，在技术上拥有别人所不能及的能力，获得高级技师的专业技术等级……"；G16："希望自己在专业技术上能独当一面，取得技师职业资格证书"。因此，综合被访者的访谈资料以及技术等级相对于铁路技能人才职业成功的重要性，我们将技术等级作为铁路技能人才职业成功评价指标的主范畴之一。

　　职业满意度。职业满意度是指个人从职业的内在和外在方面所得到的满意程度，包括技能的提升、所取得的成就、发展和晋升的机会等。从开放性编码中归纳总结的 15 个范畴来看，其中"凭借精湛的技术解决各种疑难杂症，独当一面，成为单位的骨干和榜样"，"获得晋升的机会"，"为铁路事业发展贡献自己的力量"，"在所在的岗位取得突出的成绩"，"为所从事的职业感到自豪，社会地位得到提升"等范畴都反映或体现了职业满意度的概念。

　　工作满意度。工作满意度是指一个人工作或工作经历后产生的愉快或积极的情感状态，包括各方对其工作业绩的积极反馈和认可、其对所从事工作的喜好和兴趣程度等。在开放性编码归纳总结的 15 个范畴中，"获得领导的赏识以及同事的尊重和羡慕"，"能够顺利、安全的完成单位所交代的任务，做好自身的本职工作"，"热爱自己所从事的工作，在工作中感到快乐和顺心"，"自己所学的技能能够在工作中得到充分发挥"，"工作稳定，有自己可自由支配的时间，做自己想做的事"等范畴体现了工作满意度的概念。因此，通过上述分析，本研究将工作满意度作为铁路技能人才职业成功评价指标的主范畴之一。

　　工作—家庭平衡。铁路技能人才这一特殊的职业特性决定了其很少有充足的时间和家人团聚。比如就铁路司机这一职业来说，大多数客货运司机，尤其是长途司机经常在外出乘，一周甚至一个月只有为数不多的几天陪伴家人。还有部分铁路司机存在通勤的问题，长时间在外地，与家人分居两地。这种情况使得能否有充足的时间陪伴家人成为铁路技能人才考虑职业成功评价标准时的重要因素。例如 G25："我希望在保证一定工资收入的前提下，不要与家人两地分居，铁路能解决通勤问题或者是异地的住房、爱人工作以及孩子上学的问题……"G12："除了经济上要达到一定的水平之外，希望能够达到标准的工作时间，家庭和谐不用与家人两地分离，能够兼顾到家庭，家庭和工作两不误，这才是真正的成功……"G1："其次是希望在尽可能的条件下多点时间陪伴父母和家人，家人能够理解和支持我的工作，能协调好工作与家庭的关系……"此外，除了希望能够有更多的时间陪伴家人，在访谈过程中发现渴望得到家人的认可与支持也是其考虑职业成功评价标准时的重要因素。因此，通过上述分析，本研究将工作—家庭平衡作为铁路技能人才职业成功评价指标的主范畴之一。

（三）选择性编码

最后是"选择性编码"（selective coding），也就是发现核心类别。核心类别的发现，主要是对所有已发现的概念类别经过系统分析后归纳和精练类别的过程。一个研究的核心类别代表该研究的主题，与其他类别相比，它应该具有统领性，可以联结其他类别，组成关系（概念之间的联结）的陈述，并形成一个完整的解释架构。它能够将大部分的研究结果囊括在一个比较宽泛的理论范围之内，就像是一个渔网的拉线，可以把所有其他的类别串成一个整体拎起来，起到"提纲挈领"的作用。

在主轴性编码中，通过对开放性编码中得出的 15 个范畴进行反复的对比和归纳得出了物质报酬、技术等级、职业满意度、工作满意度以及工作—家庭平衡五个主范畴。通过分析可以发现，在这五个主范畴中物质报酬和技术等级两个方面具有明显的外部可观测性。基于对西方职业成功文献以及本次访谈资料的研究，将这种可以明显观测的职业成功评价标准归纳为客观标准；职业满意度、工作满意度以及工作—家庭平衡这三个主范畴都表现出其内心可体验、感受性的特点，这些因素都体现了被访谈者自我内心的一种感受。因此，基于这种特点以及相关文献的研究，将这种表现出自我内心感受的职业成功评价标准归纳为主观标准。

三、资料编码分析结果及检验

通过对 20 份合计约 8 万字的原始访谈资料进行开放性编码、主轴性编码以及选择性编码，得到了 15 个基本范畴、5 个主范畴以及 2 个核心范畴，具体内容如表 4-5 所示：

表 4 - 5　　　　　　　　　　　　　资料编码分析的结果

类别	维度	项目
客观标准	物质报酬	通过努力付出，获得较高的工资报酬
		能够享受单位良好的工作环境和福利待遇
	技术等级	通过不断学习掌握过硬的工作技能，获得较高的专业技术等级
主观标准	职业满意度	获得晋升的机会
		为所从事的职业感到自豪，社会地位得到提升
		凭借精湛的技术解决各种疑难杂症，独当一面，成为单位的骨干
		在所在的岗位取得突出的成绩
		个人各方面综合能力得到提升
		为铁路事业发展贡献自己的力量
	工作满意度	工作稳定，有自己可自由支配的时间，做自己想做的事
		获得领导的赏识以及同事的尊重和羡慕
		热爱自己所从事的工作，在工作中感到快乐和顺心
		自己所学的技能能够在工作中得到充分发挥
		能够顺利、安全的完成单位所交代的任务，做好自身的本职工作
	工作—家庭平衡	家人的支持和认可
		有更多时间陪伴家人
		解决通勤、异地住房等问题，达到工作—家庭的平衡

　　在本次访谈中，以扎根理论为理论基础，通过对访谈资料进行编码分析，得出了铁路技能人才职业成功的评价标准。由于本研究是基于访谈获取的资料进行归纳性分析，因此，获取的资料是否充分会对研究结论产生直接影响。为了保证访谈结果的充分与可靠，使用扎根理论创始人格拉泽和斯特劳斯（Glaser & Strauss）提出的"理论饱和度"概念作为检验的标准，即当研究者不能再从访谈或其他方面发现新的类别时，研究者就可以停止对资料的收集，进入理论构建阶段。

　　在对访谈资料归纳分析完成之后，通过开放式问卷的方式向在原铁道部（中国铁路总公司）党校参加动车组司机选拔的机车乘务员发放了"以自己心目中职业成功评价标准"为主题的 100 份问卷，回收了 98 份有效问卷。通过对收回的问卷依照上述编码的程序和标准再进行一次归类分析，结果发现除了同样的意思、不同的表达方式以外，没有新的关键词和类别出现。据此，可以认为本次访谈收集到的资料达到了理论饱和度的要求。

第四节　研究工具选取

量表的质量直接关系到实证研究的科学性，一般来说，量表的选择和设计主要遵循以下几个原则（王鉴忠，2009）：一是操作化必须建立在正确的概念化基础上，并以此进行题项的设计，开发一个具备构念效度的测量量表需要实现理论构念和测量指标之间的高度一致，应注意的问题是，明晰所研究概念的核心特征，与其他相近概念的区别，确认理论构念的层次和内部成分；二是有效的测量工具必须从一般的问项库中抽取代表性的问题（Churchill，1979）；三是多问项测度原则，就是在量表设计上遵循特定的概念至少要通过两个以上的问项来测量；四是信度和效度原则，设计完成的量表必须具备相应的信度和效度，才能应用于正式研究。因此，在正式调查之前本研究进行了预调查研究，并对研究数据进行信度和效度检验，而后确定了正式调查问卷，下面将阐述各变量测量量表的选取过程。

一、职业胜任力

职业胜任力的测量采用伊贝（2003）中有关职业胜任力测量的子维度，在 Eby 研究的 knowing-why 职业胜任力中，采用贝特曼和克兰特（1993）的 10 个项目的量表来衡量主动性人格，采用萨奥瑟（Saucier，1994）Mini-Markers 的量表来衡量经验的开放性，采用麦乌尔和塔卢利（Mauer & Tarulli，1994）的 3 个项目的量表来衡量职业洞察力。由于上述研究使用的量表都是西方的研究成果，量表是否适合中国情境还有待研究，同时量表相对较为陈旧。因此在本书的研究中，查阅了国内有关主动性人格、经验开放性、职业洞察力的研究，并采用经国内学者修订的相应量表：采用对贝特曼和克兰特（1993）修订量表来衡量主动性人格，其原始量表在国内的研究中有 17 个条目，之后常用的有卡梅耶（Kammeyer，2008）10 项、基库尔和格伦迪（Kickul & Grundy，2002）5 项，本书采用基库尔和格伦迪（2002）的 5 项缩减版，其信度也是最高的（0.95）。采用马克克瑞和考斯塔（McCrae & Costa，1996）编制的 NEO – PI 中的自评量表来衡量经验的开放性，该量表被我国学者房美玉（2001）博士翻译成中文，包括情绪敏感性、亲和性、开放性、外向性和责任意识五个维度，这一量表的有效性在李娜（2005）和郑晓霞（2011）的研究中得到了很好的证明，其中经验开放性部分的题项为 12 项。关于职业洞察力量表的选取，本书采用伦顿（1993）和诺伊等（Noe et al.，1990）的量表，其同质性信度为 0.811，并具有较好的实证效度。

knowing-how 职业胜任力的测量。本书将伊贝（2003）等人的研究中有关职业相关的知识和技能所对应的英文问卷条目翻译成中文，有关职业认同的测量采用泰勒等人（Tyler et al.，1997）编制的量表。将以上英文条目分别给两组外语专业的硕士研究生独立翻译，将两者翻译的中文条目，交换后发给另一组人员进行中翻英的翻译，使得中英翻译的一致性较好。

knowing-whom 职业胜任力的测量。将伊贝（2003）等人的研究中有关内部网络和外部网络所对应的英文问卷条目翻译成中文，并在此基础上考虑他的研究中对导师制研究存在的偏差，修改导师制的研究问卷，将导师制的类型，包括正式或非正式导师制，及直属导师或非直属导师的测量纳入本研究问卷的测量。同上，将以上英文条目也分别给两组外语专业的硕士研究生独立翻译，将两者翻译的中文条目，交换后发给另一组人员进行中翻英的翻译，使得中英翻译的一致性较好，在此基础上形成了职业胜任力的测量量表。

二、职业成功

由上文扎根理论分析得出，技能人才职业成功评价指标包含"客观成功和主观成功"两个测量维度。客观成功的评价包括物质报酬和技术等级，主观成功测量指标包括职业满意度、工作满意度、工作家庭平衡。

（1）物质报酬。包括工资、奖金、福利等所有从企业获得的现金或实物收入，研究表明，自我汇报（self-reported）的收入与企业记录高度相关（Turban & Dougherty，1994），有时只有 1% 的偏差，因此本研究采用匿名自我汇报的方式来获取被研究者的客观收入数据。由于收入涉及个人的隐私，准确地填写在问卷上难免会引起被点观察者的心理抵触。为了有效避免类似情况的出现，在设计问卷时，将收入水平从低到高划分成 5 个区间，3 万元以下为底线。考虑到不同地区铁路技能人员收入水平的地区差，在进行调研和征求各路局部分铁路技能人才主管领导的建议后，对于不同的地区，收入区间进行了适度差别化设计。特别是对上海局、北京局和广铁集团技能人才的收入水平上进行了相应的提高调整，这样便于使问卷设计的薪酬区间尽可能反映被调查者的真实收入水平，保证职业成功评价指数的合理性。

（2）技术等级。技术等级是用以衡量技能人才技术业务水平和工作能力并据以确定其技术等级的统一尺度。对铁路技能人才来说，技术等级由高到低主要划分为高级技师、技师、高级工、中级工和初级工五个级别，本研究采用匿名自我汇报的方式来获取被研究者的技术等级数据。

（3）职业满意度量表。本研究采用的是格林豪斯等人在 1990 年开发的职业满意度量表（α 值为 0.83），这个量表是目前为止影响力最大、应用最为广泛的职业满意度量表。包括 5 个题目，具体测量时使用李克特五点量表，1 = "完全不同意"，到 5 = "完全同意" 分数越高表示职业满意程度越高。

（4）工作满意度量表。在本研究中，工作满意度问卷采用的是沃尔等（1979）编制的工作满意度量表（global job satisfaction），并对少部分题项的表述做了适当的修改，使之适用于铁路技能人才，共 15 个题项（α 值为 0.88），用于评估工作的外在满意度（8 道题）和内部满意度（7 道题），并采用李克特五点记分方式，1 = "非常不满意"，到 5 = "非常满意"。

（5）工作—家庭平衡量表。采用马丁等人（Martins et al.，2002）使用的三道题目的量表（α值为0.64），我国学者刘宁（2007）对该量表进行了实证研究，具有较好的信度（α值为0.67）。这三道题目分别为"我的工作经常使我没有办法跟家人和朋友在一起"，"我经常会把工作中的焦虑和烦恼带到家庭生活中"和"我经常会因为工作没有办法参加家庭的重要活动"，同样使用李克特五点量表，1＝"完全不同意"，到5＝"完全同意"，该问卷反向计分。

三、组织支持感

伊森伯格等（Eisenberger et al.，1986）开发出组织支持感量表，该量表包括36个问题项，其中各有18个问题项进行正反描述，该量表的Cronbach's α值为0.97，具有很高的内部一致性信度。学者克莱默和韦内（Klaimer & Wayne，2004）的研究中将组织支持感分为三维度，并且开发了12个问项的新量表，根据其实证结果，三个维度的Cronbach's α值分别为0.87、0.88和0.92，也表明了该量表具有较高的内部一致性信度。我国学者凌文辁等（2006）根据中国企业的特点开发了组织支持感量表，该量表包括24个题项，Cronbach's α值为0.87。本研究根据上述学者的测量问卷，将组织支持感作为单维度来测量，并提出初始的测量条款，采用李克特五点尺度予以评分，所有题目皆为正向题，由"完全同意"到"完全不同意"分别给予1至5分，分数越高，表示组织支持感程度越高。

四、自我效能感

采用班杜拉（Bandura，1997）的自我效能感概念，将其定义为：个体对自身能否完成某一活动所具有的能力判断和信念。自我效能感量表主要来源于心理学家拉尔夫·施瓦泽（Ralf Schwarzer）教授和他的同事于

1981 年编制完成的一般自我效能感量表（general self-efficacy scale, GSES)。开始时共有 20 个项目，后来改进为 10 个项目。该量表在国际上广泛使用，已被翻译成至少 25 种语言，根据施瓦泽报告，在不同文化（国家）的多次测定中，GSES 的内部一致性系数在 0.75 和 0.91 之间，一直有良好的信度和效度。中文版的 GSES 最早由张建新和施瓦泽于 1995 年在香港的一年级大学生中使用，至今中文版 GSES 已被证明具有良好的信度和效度。在此基础上，结合铁路行业和技能人才的特点作了一些修改和完善而成，有 10 个题项，同样使用李克特五点量表，1 = "完全不同意"，到 5 = "完全同意"。

第五章

关键变量的提取与描述性分析

在确定了关键变量的测量工具后，本章首先通过小样本测试和分析检验量表设计的合理性，并对量表和相关问题进行修正，使其更加符合我国技能人才特别是铁路技能人才的特点；其次，通过大样本的测试对关键变量的信效度进行分析，以便确定关键变量的结构；最后，对技能人才职业胜任力和职业成功等变量进行了描述性统计分析。

第一节　小样本测试与分析

一、测试样本获取

经过对上述各分量表的设计和提炼，形成由技能人才职业胜任力量表、技能人才职业成功评价量表、组织支持感量表以及自我效能感量表编制成初步预研究整体问卷。调查问卷初稿形成后，前后两次深入调研了多位具有丰富经验的企业技能人才及其管理者，针对问卷调查中出现的疑问对部分受访者进行了访谈，了解他们回答问卷时的感受，征询他们的意见和建议，在此基础上，对调查问卷的措辞、语句的结构等进行了必要的修改和调整，目的是尽量用简明易懂的语言来表述量表中的具体问项，以便被调查者能快速、准确地答题。在此基础上，征询专家意见，在前述问卷初稿的基础上，请教了具有丰富经验的老师和博士，并请他们对问卷进行审阅，对问卷再次进行相关方面的修改，为了减少响应（response）偏差，对一些问项采用了反向措辞，最后形成预调研问卷。

为了获得更有效的问卷，在正式调研之前，利用初步编制的问卷进行了小样本预调研。目的是检验所设计出的问卷的信度和效度，以及进行必要及时的修正。预研究的调查对象为北京铁路局唐山机务段、武汉铁路局动车段的铁路技能人才，包括动车组司机、动车组机械师和调度人员，共发放问卷 150 份，回收有效问卷共计 134 份，有效回收率为 89.3%。其中，男性 110 份，女性 24 份，具有高级技师职称的技能人才 23 人，占17.2%，技师 31 人，占 23.1%，高级职称 40 人，占 29.9%，中级职称27 人，占 20.1%，初级职称 13 人，占 9.7%。

二、样本项目分析

由于技能人才职业胜任力量表在国内尚缺乏系统的实证研究，因此，在上述问卷分析中，本研究首先重点对职业胜任力问卷进行了预试分析，包括项目总相关分析、信度分析以及共同性与因素负荷量分析使其符合技能人才的特点，为方便统计分析，对职业胜任力量表题项进行编号，从C1 到 C43。

（一）项目总相关分析

在进行小样本测试后，要进行预试问卷项目分析，以作为编制正式问卷的依据。项目分析的主要目的在于检验编制的问卷或测验个别题项的可靠程度，它与信度检验的差异在于信度检验是检验整份问卷或包含数个题项的层面或构念的可靠程度，项目分析的检验是探究高低分的受试者在每个题项的差异或进行题项间同质性检验，项目分析的结果可作为个别题项筛选或修改的依据（吴明隆，2010）。

本研究采用同质性检验作为个别题项筛选的指标，如果个别题项与总分的相关越高，表示题项与整体问卷的同质性越高，所要测量的心理特质或潜在行为更为接近。个别题项与总分的相关系数未达到显著，或两者为低度相关（相关系数小于 0.4），表示题项与整体问卷的同质性不高，即删除。在职业胜任力量表相关矩阵统计量中，第 5 题（C5）与量表总分的相关系数为 0.146，$P = 0.083 > 0.05$，未达到显著水平；第 9 题（C9）与量表总分的相关系数为 0.150，$P = 0.008 < 0.05$，虽达显著水平，但两者的相关系数却较低，两者只是低度相关。因而从题项与问卷总分的相关系数值来检验，第 5 题（C5）与第 9 题（C9）两个题项与问卷总分的相关系数值较低，考虑删除，除这两题外，其余题项与量表总分的相关系数均显著，并在 0.4 以上，分析结果见表 5–1。

表 5–1　　　　　　　　　　职业胜任力各项目与总分相关性分析

项目	C1	C2	C3	C4	C5	C6	C7	C8	C9
相关系数	0.485 **	0.539 **	0.439 **	0.598 **	0.146	0.444 **	0.433 **	0.446 **	0.150 **
项目	C10	C11	C12	C13	C14	C15	C16	C17	C18
相关系数	0.430 **	0.480 **	0.463 **	0.460 **	0.471 **	0.404 **	0.527 **	0.413 **	0.409 **
项目	C19	C20	C21	C22	C23	C24	C25	C26	C27
相关系数	0.608 **	0.682 **	0.641 **	0.479 **	0.476 **	0.425 **	0.465 **	0.499 **	0.503 **
项目	C28	C29	C30	C31	C32	C33	C34	C35	C36
相关系数	0.462 **	0.640 **	0.555 **	0.600 **	0.602 **	0.586 **	0.612 **	0.655 **	0.591 **
项目	C37	C38	C39	C40	C41	C42	C43		
相关系数	0.542 **	0.459 **	0.434 **	0.569 **	0.599 **	0.610 **	0.623 **		

注：* 代表 $p < 0.05$；** 代表 $p < 0.01$。

（二）问卷信度分析

研究采用 Cronbach's α 系数来衡量信度大小。信度检验旨在检验题项删除后，整体问卷的信度系数的变化情形，如果题项删除后问卷的整体信度系数比原来的信度系数高出许多，则该题项与其余题项所要测量的属性或特质可能不相同，此题项与其他题项的同质性不高，可考虑将该题项删除（Devellis，1991）。按照此原则，从题项删除后问卷的内部一致性 α 系数改变值来看，第 7 题（C7）删除后，问卷的 α 系数从 0.904 变成 0.917，其余题项删除后问卷的系数均比 0.904 小，因此删除第 7 题（C7）。

（三）共同性与因素负荷量分析

共同性表示题项能解释共同特质或属性的变异量，共同性的数值越高，表示能测量到变量的程度越高，因素负荷量则表示题项与变量关系的程度，因素负荷量越高，表示题项与总问卷的关系越密切，亦即其同质性越高。一般而言，共同性值若低于 0.2（此时因素负荷量小于 0.4），表示题项与共同因素间的关系不密切，此时题项应考虑删除（吴明隆，2010）。从表 5 - 2 的萃取值可以发现，第 10 题（C10）的共同性为 0.020，因素负荷量为 0.140，这个题项与共同因素职业胜任力的程度关系微弱，依此指标准则将此题项删除。

表 5 - 2   职业胜任力量表项目共同性与因素负荷量值

题项	共同性萃取值	因素负荷量	题项	共同性萃取值	因素负荷量
C1	0.658	0.746	C15	0.485	0.646
C2	0.544	0.531	C16	0.590	0.684
C3	0.531	0.555	C17	0.510	0.595
C4	0.571	0.428	C18	0.312	0.497
C6	0.462	0.469	C19	0.639	0.712
C8	0.495	0.630	C20	0.643	0.665
C10	0.020	0.140	C21	0.602	0.574
C11	0.511	0.664	C22	0.507	0.592
C12	0.497	0.685	C23	0.658	0.725
C13	0.548	0.464	C24	0.596	0.542
C14	0.501	0.461	C25	0.631	0.718

续表

题项	共同性萃取值	因素负荷量	题项	共同性萃取值	因素负荷量
C26	0.649	0.414	C35	0.650	0.668
C27	0.670	0.607	C36	0.638	0.711
C28	0.612	0.706	C37	0.635	0.765
C29	0.692	0.591	C38	0.637	0.721
C30	0.469	0.443	C39	0.592	0.699
C31	0.491	0.542	C40	0.610	0.744
C32	0.678	0.572	C41	0.647	0.729
C33	0.631	0.556	C42	0.655	0.755
C34	0.567	0.594	C43	0.584	0.627

通过上述分析，最终确定了包括 39 个题项的技能人才职业胜任力测评量表。此外，通过对组织支持感、自我效能感、职业满意度、工作满意度以及工作—家庭平衡问卷的分析，得出问卷的 Cronbach's α 系数分别为 0.746，0.802 和 0.901、0.727 和 0.788，可知问卷的信度可以接受，能够进行相关的分析统计（Devellis，1991），见表 5-3。

表5-3　　主观职业成功、组织支持感、自我效能感量表信度分析

变量	包含维度	信度系数 a 值
职业成功（总量表 a 值为 0.936）	职业满意度	0.901
	工作满意度	0.727
	工作—家庭平衡	0.802
组织支持感	组织支持感	0.746
自我效能感	自我效能感	0.788

第二节　正式资料调研与样本描述

本书实证研究部分的调查对象主要是铁路技能人才，问卷发放的对象包括铁路技能人才覆盖较高的动车组司机、动车组机械师、调度人员、牵

引供电人员、电力设备维修人员、车辆站修人员以及车载设备人员等。样本既有开行动车组列车较早、现代化装备程度较高的北京局、上海局、广铁集团和武汉局，也包括地处偏远的青藏公司、哈尔滨局，尽可能使获得的样本具有代表性。

在调查过程中，特别说明了本次调查目的，强调本次调查所获得的各项资料，将会和其他铁路技能人才填写的资料一起形成整体数据，用于学术研究的统计分析，保证不作为其他用途，研究中也绝对不会对个人的资料作任何评价，特别对于技能人才物资报酬、技术等级的资料，进行绝对保密，以打消调查对象的有关顾虑，使其更真实地填写调查问卷。调查数据主要通过以下渠道获得：

一是通过项目调研，与各地铁路局下属站段职教科和劳人科有关负责人联系后，由调研组人员现场发放问卷当即回收，或一部分委托上述科室负责人代为发放，择日收回。

二是通过与有着良好关系的铁路局局属单位联系，通过电子版本和纸质版快递形式委托外地局属单位相关技能人才填写。

三是利用各铁路局相关技能人才各种会议以及集中培训的机会发放问卷，如在原铁道部（中国铁路总公司）党校进行的动车组司机选拔复试过程中发放问卷，这种方式，问卷回收率高，质量也高。整个调查过程持续近3个月，共发放调查问卷800份，剔除部分填写缺失较多的问卷，共回收获得有效问卷696份，有效回收率87%，被试总体情况见表5-4。

表5-4   正式调查对象分布

项目	类别	人数	百分比（%）
	男	556	79.9
性别	女	140	20.1
	合计	696	100

续表

项目	类别	人数	百分比（%）
年龄	30 岁及以下	102	14.7
	31～35 岁	205	29.5
	36～40 岁	212	30.5
	41～45 岁	104	14.9
	46 岁及以上	73	10.4
	合计	696	100
工龄	5 年及以内	87	12.5
	6～10 年	198	28.4
	11～15 年	223	32.1
	16～20 年	110	15.8
	21 年及以上	78	11.2
	合计	696	100
教育程度	硕士及以上	125	18.0
	本科	206	29.6
	大专	257	36.9
	高中及以下	108	15.5
	合计	696	100

对调查数据进行简单统计分析得出，在有效调查问卷中，女性技能人才 140 人，占调查对象的 20.1%；年龄多数集中在 31～40 岁，占到调查对象的 60%，30 岁及以下的技能人才占 14.7%，46 岁及以上的技能人才占 10.4%；调查对象的工龄中，11～15 年工龄的技能人才占到 32.1%，其次为 6～10 年工龄，为 28.4%，5 年及以内工龄的技能人才最少，为 12.5%；在调研对象的教育程度中，大专和本科学历的技能人才占到 66.5%，高中及以下学历的技能人才最少，为 15.5%，可知多数调查对象具有较高的学历。整体来看，调查对象具有良好的结构分布，能够较好地代表所研究的群体。

第三节　关键变量结构维度的提取和验证

根据研究目的，首先采用 SPSS19.0 对全部 696 份问卷随机分成两部分，其中利用 348 份问卷进行探索性因子分析，然后运用结构方程软件 AMOS19.0 对另外一半问卷进行验证性因素分析，最终利用全部问卷对职业胜任力与职业成功的关系进行分析和假设检验。

一、职业胜任力量表分析

（一）探索性因素分析

首先对调研所获得的 348 份有效问卷进行探索性因子分析。在因子分析之前先进行因子分析适合度检验。分析得出职业胜任力问卷的 KMO 值为 0.936，Bartlett 球形检验值为 10 494.294，根据学者凯瑟（Kaiser，1974）的观点，如果 KMO > 0.7，则适合因子分析。因此本研究非常适合做因子分析，分析结果如表 5-5 所示。

表 5-5　　　　　　　　　　职业胜任力探索性分析结果

指标	因子 1		因子 2		因子 3		因子 4		因子 5		因子 6		因子 7	
	项目	载荷	项目	载荷	项目	载荷	项目	载荷	项目	载荷	项目	载荷	项目	载荷
	C37	0.765	C19	0.678	C11	0.665	C28	0.718	C23	0.721	C1	0.735	C12	0.772
	C42	0.748	C33	0.637	C8	0.650	C27	0.640	C25	0.709	C3	0.567	C15	0.701
	C40	0.740	C32	0.611	C16	0.634	C26	0.620	C24	0.535	C2	0.511	C13	0.443
	C38	0.731	C20	0.610	C17	0.595					C4	0.428		
	C41	0.720	C22	0.594	C14	0.482								
	C36	0.704	C29	0.584										
	C39	0.703	C31	0.581										

续表

指标	因子1		因子2		因子3		因子4		因子5		因子6		因子7	
	项目	载荷	项目	载荷	项目	载荷	项目	载荷	项目	载荷	项目	载荷	项目	载荷
	C35	0.658	C6	0.537										
	C43	0.611	C21	0.500										
	C34	0.579	C30	0.473										
			C18	0.457										
特征值	11.505		2.972		2.127		1.586		1.346		1.283		1.114	
累计贡献率	29.50%		37.12%		42.575%		46.643%		50.094		53.383%		56.24%	

上表显示，采用主成分分析法提取因素，并采用最大变异正交旋转，提取特征值大于 1 的因子，删除最大因子载荷值小于 0.4（Stevens，1992）的项目（结果显示没有删除项），探索性因子分析结果表明，职业胜任力呈现出清晰的 7 因子结构，累计可解释总方差的 56.24%。

从表 5-5 可以看出，因子 1 包含 C37、C42 等 10 个项目，项目负荷均在 0.579 以上，累计贡献率为 29.5%，主要考察技能人才对其专业领域或职业的认同以及对所从事职业的肯定性评价，命名为职业认同；

因子 2 包含 C19、C33 等 11 个项目，项目负荷均在 0.457 以上，累计贡献率为 37.12%，主要考察技能人才拥有现实的职业期待、对自己的优缺点了解情况、职业技能和确立明确的职业目标的程度，命名为寻求职业反馈；

因子 3 包含 C11、C8、C16、C17 和 C14 共 5 个项目，项目负荷均在 0.482 以上，累计贡献率为 42.575%，主要考察技能人才对自我以及环境的认识和了解，命名为职业探索；

因子 4 包含 C28、C27 和 C26 共 3 个项目，项目负荷均在 0.620 以上，累计贡献率为 46.643%，主要考察技能人才在单位外部的关系网络，命名为外部人际网络；

因子 5 包含 C23、C24 和 C25 共 3 个项目，项目负荷均在 0.535 以上，累计贡献率为 50.094%，主要考察技能人才在单位内部的关系网络，命名为内部人际网络；

因子6包含C1、C3、C2和C4共4个项目，项目负荷均在0.428以上，累计贡献率为53.383%，主要考察技能人才对职业积极主动的心理特征，命名为主动性人格；

因子7包含C12、C15和C13共3个项目，项目负荷均在0.443以上，累计贡献率为56.24%，主要考察技能人才职业发展中活跃的想象力、审美感受性等活动，命名为经验的开放性。

（二）验证性因素分析

上述探索性因子调研结果表明，职业胜任力是包含39个项目的7维结构因子，但这只是通过探索性因子分析得到的初步结构。有研究认为，仅仅通过探索性因子分析就认定"某潜在变量的因子结构是怎样"还不够，除了进行探索性分析外，还需要运用另外一批样本进行验证，只有通过验证的某种结构才是可以接受的（王鉴忠，2009）。因此，该理论模型是否存在，7维结构是否可以进一步提炼，还需要对其进行验证。也就是说通过验证性因子分析来检验模型的合理性。以下将使用Amos19.0对另一半348份样本进行验证性因子分析和二阶因子分析。

1. 一阶验证性因素分析

通过对职业胜任力7维度结构的一阶验证性因素分析，得到表5-6的分析结果。

表5-6　　　　　　　　一阶验证性因素分析拟合指数

拟合指标	X^2	df	x^2/df	NFI	IFI	TLI	CFI	RMSEA
7维度结构	782.499	329	2.378	0.900	0.894	0.902	0.913	0.079

注：NFl表示规范拟合指数；IFI表示增量拟合指数；TLI表示Tucker-Lewis系数；CFI表示比较拟合指教；RMSEA表示近似误差均方根。

在衡量模型的指标中，主观指标 x^2/df 越接近 0，观测数据与模型拟合得越好，$x^2/df < 3$，表明整体拟合度较好，模型较好；$x^2/df < 5$，表明整体模型还可以接受。GFI、AGFI、CFI 和 TLI 的变化区间在 0 到 1 之间，越接近于 1，拟合性越好，大于 0.90 以上，则认为模型得到较好拟合。RMR 和 RMSEA 的变化区间也在 0 到 1 之间，越接近 0 越好。按照通用标准，RMSEA < 0.1，观测数据与模型较好拟合；RMSEA < 0.05，观测数据与模型很好拟合。从上述指标看来，技能人才职业胜任力的 7 维度结构模型对数据的拟合较好，各项拟合指标均达到较好的拟合水平。说明观测数据较好地支持了构想模型，探索性研究的结果得到了验证。

2. 二阶验证性因子分析结果

由于上文分析的技能人才职业胜任力维度中的"外部人际网络"和"内部人际网络"因子包含在前文理论假设分析中的关系网络即 knowing-whom 维度里，而"主动性人格""经验的开放性"以及"职业探索"因子则体现了 knowing-why 维度的内容，"职业认同"和"寻求职业反馈"则反映了 knowing-how 的测量构念。因此认为可以将 7 维模型进一步概括，形成包括"knowing-why""knowing-how"和"knowing-whom"在内的 3 维模型。为此，研究将对数据进行二阶验证性因子分析。

二阶验证性因子分析是介于测量模型和因果模型之间的一种评价技术，其目的是检验一阶模型能否进一步概括成更加有意义的概念。职业胜任力结构的二阶验证性因子分析就是要验证技能人才的职业胜任力维度是否可以进一步整合为上述三个二阶潜变量，从而将模型简化，便于今后研究与使用，运用验证性因子分析阶段所获得的另一半 348 份数据资料，对职业胜任力结构进行二阶因子分析，分析结果见表 5 - 7 所示，分析结构图如图 5 - 1 所示。

表5-7 二阶验证性因素分析拟合指数

拟合指标	X^2	df	x^2/df	NFI	IFI	TLI	CFI	RMSEA
3 维度结构	1 183.055	608	1.946	0.911	0.914	0.926	0.908	0.075

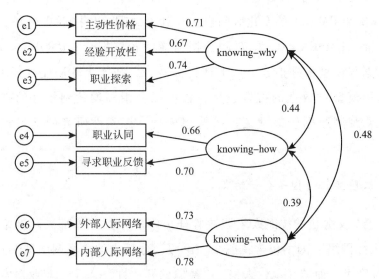

图 5-1 二阶验证性因素拟合分析

从表5-7可以看出，卡方检验值与自由度的比值为小于3，并且 NFI、IFI、TLI、CFI 的值都在 0.9 以上；此外，均方根误差（RMSEA）的点估计值为 0.075，该指标值在 0.08 以下表明契合度较为理想，因此说明模型拟合较好。为此，职业胜任力一阶7维模型可以简化为"knowing-why""knowing-how"和"knowing-whom"三个维度。

（三）信效度分析

本研究采用常用的内部信度检测 Cronbach's α 系数，来检验职业胜任力量表的信度，将调研得到的 696 份有效样本纳入分析，以二阶验证性因子分析得到的三维结构为准，各维度及总的内部一致性系数如表5-8所示。从表中可以看出，"knowing-why""knowing-how"和"knowing-whom"

三个维度的 Cronbach's α 系数分别为 0.869、0.871 和 0.744，量表的总体的 Cronbach's α 系数为 0.927，学者德维利斯（Devellis，1991）认为 Cronbach's α 系数在 0.65~0.7 是最小可接受值，在 0.7 以上信度是相当好的，由此说明研究量表具有较好的内部一致性信度。

表 5-8　　　　　　　　　　职业胜任力量表信度分析结果

因子	knowing-why	knowing-how	knowing-whom	总量表
Cronbach's α 值	0.869	0.871	0.744	0.927

效度分析主要包括对职业胜任力量表进行内容效度和结构效度的分析。内容效度是评估测验项目对有关内容或行为取样的适当性。职业胜任力量表主要来自于国内外其他学者早期研究所形成的量表，并被学者们广泛使用。同时，在量表的翻译过程中，结合中国文化背景以及铁路技能人才特点对条目的用语是否恰当、有无歧义等方面进行了评价和修改，在编制的过程中又先后与铁路技能人员及其主管领导进行了深入的交流，征求了他们的意见，并征询了心理学专家的意见，同时通过预调研进行了统计筛选，在筛选项目的过程中又进一步征询了有关专家的意见，请其对量表内容做出评定。综合以上分析，可以认为职业胜任力量表具有良好的内容效度。

结构效度是指测验能说明心理学上的理论结构或特质的程度，由上文探索性因素分析和验证性因素分析结果可知，本研究所得出的技能人才职业胜任力结构拟合度较好，各项指标符合心理测量学的要求，而且验证性因子分析的结果与研究的理论构想相吻合，因此说明测量量表具有良好的结构效度。

（四）技能人才职业胜任力结构维度的确定

经研究发现，技能人才职业胜任力量表具有很高的信度，Cronbach's α 系数值为 0.927，说明该量表的测验结果是稳定而可靠的。对调研数据进行了一阶探索性因子分析，获得了 7 个因子，它们分别是：职业认同、寻求职业反馈、职业探索、外部人际网络、内部人际网络、主动性人格和经验开放性。继续对数据进行二阶验证性因子分析，获得 3 个二阶因子：knowing-why、knowing-how 和 knowing-whom。研究通过验证性因子分析，初步确立了技能人才职业胜任力的结构模型，模型的各项拟合度指标均达到比较理想的水平。从理论论述到量化研究的结果，以及经对铁路技能人才实际施测的良好反馈来看，研究认为铁路技能人才职业胜任力在内容上包含的 "knowing-why" "knowing-how" 和 "knowing-whom" 具有很好的理论解释力和预测力。

二、职业成功量表分析

（一）探索性因素分析

在本书的研究中，客观职业成功的物质报酬和技术等级采用客观数据，因此将重点对技能人才主观职业成功的量表进行分析。在上文的分析中得出主观职业成功量表包括职业满意度、工作满意度和工作—家庭平衡三个分量表，下面将对这些分量表的信效度进行分析。

首先对调研所获得的 348 份有效问卷进行探索性因子分析，为方便分析，对职业满意度的 5 个题项、工作满意度的 15 个题项以及工作—家庭平衡的 3 个题项分别进行编号，分别为 CS1 ~ CS5、JS1 ~ JS15、JF1 ~ JF3，见表 5 - 9。

表 5 - 9　　　　　　　主观职业成功探索性因素分析结果

量表	题项	负荷	α 值	累积贡献率	总量表 α 值
职业满意度	CS1	0.849	0.920	68.32%	0.923
	CS2	0.838			
	CS3	0.835			
	CS4	0.724			
	CS5	0.675			

续表

量表	题项		负荷	α 值	累积贡献率	总量表 α 值
工作—家庭平衡	JF1		0.920	0.831	74.946%	
	JF2		0.786			
	JF3		0.887			
工作满意度（α = 0.878）	JS4		0.737	0.785	54.783%	0.923
	JS3		0.711			
	JS2		0.657			
	JS8		0.632			
	JS14		0.619			
	JS12		0.572			
	JS1		0.561			
	JS11		0.556			
		JS10	0.775	0.850		
		JS6	0.713			
		JS7	0.703			
		JS15	0.641			
		JS9	0.632			
		JS13	0.614			
		JS5	0.536			

在因子分析之前先进行因子分析适合度检验，分析得出职业满意度问卷的 KMO 值为 0.906，Bartlett 球形检验值为 1 878.059，工作满意度问卷的 KMO 值为 0.928，Bartlett 球形检验值为 2 076.935，工作—家庭平衡问卷的 KMO 值为 0.706，Bartlett 球形检验值为 376.155，因此适合做因子分析（Kaiser，1974），分析结果能很好地解释变量之间的关系。探索性因子分析结果表明（见表 5-9），职业满意度呈现出清晰的单因子结构，累计可解释总方差的 68.32%，工作满意度包含内部满意和外部满意两维结构，累计可解释总方差的 54.783%，工作—家庭平衡 3 个题项清晰地呈现出单维结构，累计可解释总方差的 74.946%，此外，对全部样本进行内部一致性检验，职业满意度、工作满意度以及工作—家庭平衡的 Cronbach's α 系数分别为 0.920、0.878 和 0.831，主观职业成功总体量表

的 Cronbach's α 系数为 0.923，可知分析结果可靠。

（二）验证性因素分析

上述探索性因子分析反映了主观职业成功问卷整体具有良好的信度，下面采用 AMOS19.0 对上述各问卷进行验证性分析，分析结果见表 5 – 10。

表 5 – 10　　　　　主观职业成功各问卷验证性因素分析拟合指数

量表/指标	x^2	df	x^2/df	GFI	TLI	CFI	RMSEA
职业满意度	9.0	4	2.25	0.99	0.99	0.99	0.048
工作满意度	289.087	99	2.92	0.913	0.902	0.898	0.074
工作—家庭平衡			0	1.00	1.00	1.00	0.00

上表可以看出，职业满意度、工作满意度以及工作—家庭平衡量表卡方检验值与自由度的比值分别为 2.25、2.92 和 0，小于 3，CFI、GFI 和 TLI 的值都接近 0.9 或在其之上；此外，均方根误差（RMSEA）的点估计值分别为 0.048、0.074 和 0，均小于 0.08，同时，从表 5 – 11 可以看出，所有题项的标准化估计值在 0.5 以上，并且显著，因此说明主观职业成功各问卷题项的总体拟合度较好。

表 5 – 11　　　　　　主观职业成功各问卷题项标准化估计

量表	题项	标准化估计值	C. R.（t-value）	Estimate	显著性 P
工作满意度 （$\alpha = 0.878$）	< – – – JS4	0.962 **	9.598	1.296	***
	< – – – JS3	0.901 **	9.644	1.318	***
	< – – – JS2	0.884 **	8.344	1.163	***
	< – – – JS8	0.819 **	8.297	1.049	***
	< – – – JS14	0.804 **	10.344	1.407	***
	< – – – JS12	0.766 **	10.012	1.269	***
	< – – – JS1	0.754 **		1.000	***
	< – – – JS11	0.711 **	9.851	1.246	***

量表	题项	标准化估计值	C. R. (t-value)	Estimate	显著性 P
工作满意度 （α=0.878）	< --- JS10	0.694 **	10.671	1.220	***
	< --- JS6	0.661 **	9.149	0.904	***
	< --- JS7	0.634 **	8.120	0.915	***
	< --- JS15	0.618 **	10.942	1.267	***
	< --- JS9	0.569 **	7.078	0.769	***
	< --- JS13	0.554 **	10.729	1.216	***
	< --- JS5	0.509 **		1.000	***
职业满意度	< --- CS1	0.884 **	9.283	1.096	***
	< --- CS2	0.781 **	9.593	1.248	***
	< --- CS3	0.754 **	9.002	1.123	***
	< --- CS4	0.709 **	8.338	1.501	***
	< --- CS5	0.642 **	9.934	1.084	***
工作—家 庭平衡	< --- JF1	0.861 **	10.104	0.921	***
	< --- JF2	0.806 **	9.885	1.206	***
	< --- JF3	0.719 **	9.792	1.126	***

三、组织支持感量表的信效度检验

首先对调研所获得的 348 份有效问卷进行探索性因子分析，为方便分析，对组织支持感 8 个题项进行编号，分别为 P1 ~ P8。在因子分析之前先进行因子分析适合度检验，分析得出组织支持感问卷的 KMO 值为 0.906，Bartlett 球形检验值为 1 814.929，因此适合做因子分析（Kaiser，1974），分析结果能很好地解释变量之间的关系。采用主成分分析法提取因素，探索性因子分析结果表明，组织支持感呈现出清晰的单因子结构，累计可解释总方差的 56.962%。此外，对全部样本进行内部一致性检验，Cronbach's α 系数为 0.826，可知分析结果可靠（分析结果见表 5 - 12）。

表 5 – 12 组织支持感探索性因素分析结果

项目	因子负荷	项目	因子负荷
P1	0.813	P5	0.797
P2	0.760	P6	0.781
P3	0.720	P7	0.722
P4	0.522	P8	0.557
Cronbach's α 值		0.826	
累计贡献率		56.962%	

上述探索性因子分析反映了组织支持感的单因子结构，下面采用 AMOS19.0 对上述因子结构进行验证性分析，分析结果见表 5 – 13。

表 5 – 13 组织支持感验证性因素分析拟合指数

	x^2	df	x^2/df	GFI	TLI	CFI	RMSEA
组织支持感	49.358	20	2.47	0.926	0.909	0.913	0.056

从表 5 – 13 可以看出，卡方检验值与自由度的比值为 2.47，小于 3，CFI、GFI 和 TLI 的值都在 0.9 以上；此外，均方根误差（RMSEA）的点估计值为 0.056，该指标值在 0.08 以下表明契合度较为理想。

同时，从表 5 – 14 可以看出，所有题项的标准化估计值在 0.5 以上，并且显著，因此说明组织支持感各题项的总体拟合度较好。

表 5 – 14 组织支持感各题项标准化估计

题项	标准化估计值	显著性水平 P	题项	标准化估计值	显著性水平 P
S1	0.914 **	***	S5	0.947 **	***
S2	0.961 **	***	S6	0.927 **	***
S3	0.954 **	***	S7	0.598 **	***
S4	0.919 **	***	S8	0.591 **	***

四、自我效能感量表信效度分析

在分析中，首先对调研所获得的 348 份有效问卷进行探索性因子分析，为方便分析，对自我效能感 10 个题项进行编号，分别为 S1 ~ S10。在因子分析之前先进行因子分析适合度检验。分析得出自我效能感问卷的 KMO 值为 0.786，Bartlett 球形检验值为 557.981，因此适合做因子分析（Kaiser，1974），分析结果能很好地解释变量之间的关系。采用主成分分析法提取因素，探索性因子分析结果表明，自我效能感呈现出清晰的单因子结构，累计可解释总方差的 55.636%。此外，对全部样本进行内部一致性检验，Cronbach's α 系数为 0.831，可知分析结果可靠（分析结果见表 5 – 15）。

表 5 – 15　　　　　　　　自我效能感探索性因素分析结果

项目	因子负荷	项目	因子负荷
S1	0.813	S6	0.797
S2	0.760	S7	0.781
S3	0.720	S8	0.722
S4	0.522	S9	0.557
S5	0.515	S10	0.553
Cronbach's α 值	0.831		
累计贡献率	55.636%		

上述探索性因子分析反映了自我效能感的单因子结构，下面采用 AMOS19.0 对上述因子结构进行验证性分析，分析结果见表 5 – 16。

表 5 – 16　　　　　　　自我效能感验证性因素分析拟合指数

	x^2	df	x^2/df	GFI	TLI	CFI	RMSEA
自我效能	135.366	47	2.88	0.901	0.909	0.899	0.073

从表 5 - 16 可以看出，卡方检验值与自由度的比值为 2.88，小于 3，CFI 的值虽小于 0.9，但十分接近 0.9，GFI 和 TLI 的值都在 0.9 以上；此外，均方根误差（RMSEA）的点估计值为 0.073，该指标值在 0.08 以下表明契合度较为理想，同时，从表 5 - 17 可以看出，所有题项的标准化估计值在 0.5 以上，并且显著，因此说明自我效能感各题项的总体拟合度较好。

表 5 - 17 自我效能感各题项标准化估计

题项	标准化估计值	显著性水平 P	题项	标准化估计值	显著性水平 P
S1	0.619 **	***	S6	0.791 **	***
S2	0.660 **	***	S7	0.801 **	***
S3	0.730 **	***	S8	0.688 **	***
S4	0.531 **	***	S9	0.522 **	***
S5	0.567 **	***	S10	0.501 **	***

第四节　人口统计学特征分析

本书分别从年龄、婚姻状况、学历三个方面，对铁路技能人才职业胜任力和职业成功各个维度及总分进行独立样本 T 检验和单因素方差分析，检验各项要素对铁路技能人才职业胜任力水平和职业成功水平的影响。婚姻状况共有两种情况，分别为未婚和已婚；学历水平有四种情况，分别为高中以下、大专、本科与硕士及以上；年龄分布为五种情况，分别为 30 岁及以下、31 ~ 35 岁、36 ~ 40 岁、41 ~ 45 岁与 46 岁及以上。

一、职业胜任力维度分析

通过分析不同人口统计学上职业胜任力三个维度的方差分析，得到如下结果。首先，表 5 - 18 为不同婚姻状况下职业胜任力维度的 T 检验值，通过分析结果可知，职业胜任力维度 knowing-why 与 knowing-how 在未婚与已婚的被试中具有显著的差异（T 值分别为 3.594 与 4.097，且显著性水平均在 $p < 0.001$ 水平下显著），表现在未婚技能人才的 knowing-why 均值大于已婚技能人才的均值，而已婚的 knowing-how 的均值大于未婚技能人才的均值，knowing-whom 在未婚与已婚组中并无明显差异（T = 1.942，$p = 0.053$）。

表 5 - 18　　　　　　　　　不同婚姻状况职业胜任力维度的 T 检验

项目	性别	均值	标准差	T	Sig
knowing-why	未婚	3.419	0.564	3.594	0.000
	已婚	3.122	0.613		
knowing-how	未婚	3.472	0.662	4.097	0.000
	已婚	3.833	0.574		
knowing-whom	未婚	3.269	0.676	1.942	0.053
	已婚	3.077	0.734		

表 5 - 19 为不同年龄下职业胜任力维度的方差分析，比较多组之间职业胜任力水平是否具有显著差异，从结果上来看，只有 knowing-why 维度在不同年龄组中具有显著的差异（F = 3.386，$p < 0.011$），首先表现在 30 岁及以下的 knowing-why 职业胜任力均值最高，其次是 46 岁及以上年龄组，41 ~ 45 岁组的均值最低，而 knowing-how 与 knowing-whom 维度在不同年龄组中不具有显著的差异（F 值分别为 2.501 与 2.493，p = ns）。

表 5 - 19　　　　　　　　　不同年龄下职业胜任力维度的方差分析

项目	knowing-why		knowing-how		knowing-whom	
	均值	标准差	均值	标准差	均值	标准差
30 岁及以下	3.404	0.616	3.755	0.618	3.243	0.748
31 ~ 35 岁	3.147	0.694	3.451	0.744	3.138	0.754

续表

项目	knowing-why		knowing-how		knowing-whom	
	均值	标准差	均值	标准差	均值	标准差
36~40 岁	3.020	0.696	3.480	0.660	3.050	0.774
41~45 岁	2.997	0.420	3.460	0.629	2.977	0.606
46 岁及以上	3.224	0.539	3.498	0.641	3.122	0.711
F 值	3.386		2.501		2.493	
P	0.011		0.079		0.083	

同理，利用方差分析检验不同学历下职业胜任力维度是否具有显著差异，其结果如表 5-20 所示，根据 F 值与 P 值我们可知职业胜任力的三个维度 knowing-why，knowing-how 与 knowing-whom 均具有显著性差异（F 值分别为 3.331，4.180，4.256，$p < 0.001$），可以看出，硕士及以上学历的技能人才 knowing-why 均值最高，高中学历的最低，本科和大专学历差别不大；高中及以下技能人才的 knowing-how 均值最高，其次是大专学历的技能人才，本科学历的技能人才的均值最低；在 knowing-whom 维度上，均值由高到低依次是本科学历、硕士及以上学历、大专和高中及以上学历，表明不同学历水平的技能人才具有不同水平的职业胜任力水平。

表 5-20　　　　　　　　不同学历下职业胜任力维度的方差分析

项目	knowing-why		knowing-how		knowing-whom	
	均值	标准差	均值	标准差	均值	标准差
高中及以下	3.107	0.600	3.825	0.621	3.053	0.725
大专	3.206	0.631	3.729	0.633	3.111	0.848
本科	3.194	0.605	3.506	0.641	3.180	0.670
硕士及以上	3.381	0.583	3.527	0.685	3.176	0.817
F 值	3.331		4.180		4.256	
P	0.000		0.000		0.000	

二、职业成功维度分析

研究得出职业成功包括两方面的内容：其中主观指标由职业满意度、工作满意度和工作—家庭平衡问卷的得分衡量；客观指标由物资报酬和技术等级程度的得分衡量，物资报酬得分的具体操作步骤是将年收入划分为5个范围，分别赋值 1～5。1 = 3 万元及以下，2 = 3 万～5 万元，3 = 6 万～8 万元，4 = 9 万～10 万元，5 = 10 万元以上，让被试做出选择。技术等级程度得分是根据全部被试填写的初级工、中级工、高级工、技师和高级技师，分别赋值 1～5。

首先是不同婚姻状况分析，如表 5 - 21 所示，主观职业成功与客观职业成功在不同婚姻状况下具有显著性差异，表现在已婚技能人才的主观职业成功和客观职业成功均值均高于未婚技能人才的均值，表明技能人才的职业成功与婚姻具有显著关系（T 分别为 - 5.411，p < 0.001 与 2.957，p < 0.01）

表 5 - 21　　　　　　　　不同婚姻状况职业成功的 T 检验

项目	性别	均值	标准差	T	Sig
主观职业成功	未婚	2.000	0.341	- 5.411	0.000
	已婚	2.320	0.629		
客观职业成功	未婚	3.412	0.795	2.957	0.004
	已婚	3.675	0.585		

其次，分析检验不同年龄下职业成功维度是否具有显著差异，其结果如表 5 - 22 所示，就不同年龄而言，主观和客观职业成功不存在显著差异（F 分别为 0.252，0.567，其中 p = ns），从均值的比较来看，41 ～ 45 岁和 36 ～ 40 岁两组的客观职业成功均值较高，31 ～ 35 岁组最低；46 岁及以上组的主观职业成功均值最高，其次是 36 ～ 40 岁组，30 岁及以下组最低，

可以看出，无论是主观职业成功还是客观职业成功，36~40岁组的均值都较高。

表5-22 　　　　　　　　　不同年龄下职业成功的方差分析

项目	客观职业成功		主观职业成功	
	均值	标准差	均值	标准差
30岁及以下	2.207	0.834	3.251	0.823
31~35岁	2.142	0.828	3.430	0.847
36~40岁	2.347	0.931	3.675	0.915
41~45岁	2.448	1.146	3.483	0.840
46岁及以上	2.218	0.925	3.731	0.809
F值	0.252		0.567	
P	0.616		0.451	

最后，分析检验不同学历下职业成功维度是否具有显著性差异，其结果如表5-23所示，就不同学历而言，主观和客观职业成功不存在显著差异（F分别为0.683，1.420，其中 $p = ns$），从均值的比较来看，本科和硕士及以上两组的客观职业成功均值较高，高中及以下组最低；硕士及以上组的主观职业成功均值最高，本科和大专组均值相当，高中及以下组最低。

表5-23 　　　　　　　　　不同学历下职业成功的方差分析

项目	客观职业成功		主观职业成功	
	均值	标准差	均值	标准差
高中及以下	1.830	0.410	3.340	1.050
大专	2.140	0.490	3.400	0.740
本科	2.340	0.650	3.400	0.770
硕士及以上	2.270	0.600	3.830	0.620
F值	0.683		1.420	
P	0.495		0.156	

第六章

假设检验和结果讨论

　　本章将通过正式调查的数据分析和描述，进行假设检验，以此研究铁路技能人才职业胜任力对职业成功的影响和作用机理，并对研究结果进行讨论。

第一节　研究假设检验

一、控制变量和数据聚合检验

　　如上所述，年龄、性别、教育程度等可能对职业成功产生影响，因此，选取年龄、性别和教育程度作为控制变量。

　　由于本书组织支持感这个变量的数据都是由个体进行回答的，因此将个体的数据聚合成为组织层次的数据。在聚合以前，对这一变量的组间变异性（ICC）和组内一致性（Rwg）进行检验。参考詹姆斯（James）等提出的组间变异性（Icc）和组内一致性（Rwg）方法进行测算，结果显示：组织支持感的组间变异性 ICC1 为 0.35，ICC2 为 0.64，均已达到已有文献提出 ICC1 和 ICC2 的标准（分别为 0.12 和 0.47）；组内一致性（Rwg）为0.74，也达到文献提出的0.7的标准（James，1993）。据此认为在本书中组织支持感这一组织层次变量可以由个体层次数据聚合而来。

二、职业胜任力和职业成功关系分析

在不考虑中间变量影响的前提下，首先直接对技能人才职业胜任力与职业成功的关系进行分析，包括相关分析、回归分析和关系路径的分析。

（一）相关分析

采用 Pearson 相关分析检验变量间的相关性，结果如表6-1所示。通过分析可知：

（1）技能人才职业胜任力整体水平和主观、客观职业成功之间均存在显著正相关关系，其中 knowing-why、knowing-how 和 knowing-whom 维度都与主观、客观职业成功显著正相关；

（2）技能人才职业胜任力整体水平与主观职业成功中的职业满意度、工作满意度和工作—家庭平衡显著正相关，其中 knowing-why、knowing-how 和 knowing-whom 维度都与职业满意度、工作满意度和工作—家庭平衡显著正相关；

（3）技能人才职业胜任力整体水平与客观职业成功中的物质报酬和技术等级显著正相关，其中 knowing-why、knowing-how 和 knowing-whom 维度都与物资报酬显著正相关，knowing-why、knowing-how 与技术等级显著正相关，而 knowing-whom 与技术等级相关关系不显著。

表6-1

各变量间相关系数分析

项目	Mean	S. d.	1	2	3	4	5	6	7	8	9	10	11
1. knowing-why	3.195	0.614	1.000										
2. knowing-how	3.560	0.659	0.601**	1									
3. knowing-whom	3.124	0.724	0.584**	0.521**	1								
4. 职业胜任力	3.293	0.561	0.850**	0.834**	0.846**	1							
5. 技术等级	2.310	1.229	-0.053	-0.014	0.014	-0.018	1						
6. 物质报酬	2.020	0.392	0.226**	0.163**	0.242**	0.250**	-0.021	1					
7. 客观职业成功	2.240	0.587	0.072	0.103	0.085	0.103	0.771**	0.252**	1				
8. 职业满意度	3.155	0.802	0.639**	0.729**	0.587**	0.770**	-0.041	0.162**	0.064	1.			
9. 工作满意度	3.418	0.914	0.458**	0.481**	0.315**	0.491**	-0.034	0.177**	0.033	0.490**	1		
10. 工作—家庭平衡	3.853	1.040	0.277**	0.379**	0.208**	0.338**	-0.036	0.137*	0.008	0.346**	0.688**	1	
11. 主观职业成功	3.476	0.757	0.536**	0.629**	0.428**	0.625**	-0.043	0.192**	0.039	0.708**	0.891**	0.857**	1

注：*** p<0.001，** p<0.01，* p<0.05。

（二）回归分析

1. 主观职业成功关于职业胜任力的回归

在回归分析中，以技能人才职业胜任力的三个维度为预测变量，分别对技能人才主观职业成功总分以及主观职业成功各个维度进行回归分析，结果如表 6 - 2 所示。可以得出：一是技能人才职业胜任力三个维度 knowing-why、knowing-how 和 knowing-whom 对其主观职业成功的整体预测作用较为显著，其中，多元相关系数为 0.660，职业胜任力三维度可联合解释主观职业成功总变异量的 43.5%。二是从职业胜任力三个维度对主观职业成功各个维度的预测作用看，knowing-why、knowing-how 和 knowing-whom 三个维度对职业满意度和工作满意度的预测作用均显著，其中对职业满意度的显著作用最高，多元相关系数为 0.787，职业胜任力三维度可联合解释职业满意度总变异量的 61.9%，而只有 knowing-why 和 knowing-how 对工作—家庭平衡的预测作用显著，knowing-whom 对工作—家庭平衡的预测作用不显著。

表 6 - 2　　　　技能人才主观职业成功对职业胜任力的回归分析

因变量	自变量	回归系数	T 值	F 值	R	R²
主观职业成功	knowing-why	0.275 ***	3.647	71.921 P = 0.000	0.660	0.435
	knowing-how	0.533 ***	7.957			
	knowing-whom	0.056	0.938			
职业满意度	knowing-why	0.301 **	4.599	152.774 P = 0.000	0.787	0.619
	knowing-how	0.593 ***	10.237			
	knowing-whom	0.219 ***	4.220			
工作满意度	knowing-why	0.4 ***	4.599	35.715 P = 0.000	0.525	0.276
	knowing-how	0.451 ***	10.237			
	knowing-whom	− 0.015	4.220			

因变量	自变量	回归系数	T值	F值	R	R²
工作—家庭平衡	knowing-why	0.340***	1.099	16.155 P = 0.000	0.484	0.348
	knowing-how	0.533***	4.713			
	knowing-whom	0.026	0.254			

注：*** p < 0.001，** p < 0.01，* p < 0.05。

2. 客观职业成功关于职业胜任力的回归

以技能人才职业胜任力的三个维度为预测变量，分别对技能人才客观职业成功总分以及客观职业成功各个维度进行回归分析，结果如表 6 – 3 所示。可以得出：一是技能人才职业胜任力三个维度 knowing-why、knowing-how 和 knowing-whom 对其客观职业成功的整体预测作用较为显著，其中，多元相关系数为 0.509，职业胜任力三维度可联合解释客观职业成功总变异量的 41.2%。二是从职业胜任力三个维度对客观职业成功各个维度的预测作用看，knowing-why、knowing-how 和 knowing-whom 三个维度对物资报酬的预测作用均显著，多元相关系数为 0.477，职业胜任力三维度可联合解释物资报酬总变异量的 30.6%，而只有 knowing-how 对技术等级的预测作用显著，knowing-why 和 knowing-whom 对技术等级的预测作用不显著。

表 6 – 3　　　技能人才客观职业成功对职业胜任力的回归分析

因变量	自变量	回归系数	T值	F值	R	R²
客观职业成功	knowing-why	0.303***	3.034	31.139 P = 0.000	0.509	0.412
	knowing-how	0.273***	1.067			
	knowing-whom	0.236***	3.580			
物资报酬	knowing-why	0.396***	1.209	11.564 P = 0.000	0.477	0.306
	knowing-how	0.321***	3.144			
	knowing-whom	0.412***	3.867			

因变量	自变量	回归系数	T 值	F 值	R	R^2
	knowing-why	0.083	1.660			
技术等级	knowing-how	0.301 ***	4.026	17.028 P = 0.000	0.364	0.270
	knowing-who	0.091	2.281			

注：*** $p < 0.001$，** $p < 0.01$，* $p < 0.05$。

（三）关系路径分析

为了探讨技能人才职业胜任力与职业成功的关系效应，选用 AMOS19.0 来分析职业胜任力与职业成功的关系路径，结合参数估计值和标准化路径系数，可以认为模型得到较好的验证，如表 6 - 4 和图 6 - 1 所示。

表 6 - 4　　　　　　　　　　参数估计值

x^2	df	x^2/df	GFI	IFI	TLI	CFI	RMSEA
35.83	17	2.108	0.892	0.905	0.902	0.921	0.065

在分析过程中，仍选用技能人才职业胜任力三个维度为预测变量，以主观职业成功和客观职业成功为结果变量，路径结果如图 6 - 1 所示。通过分析可以看出：技能人才职业胜任力对其主观职业成功具有正向的影响作用，其各个维度对主观职业成功也具有正向影响作用，支持了研究假设 H1 和分假设 H1a、H1b 和 H1c；同时，技能人才职业胜任力对其客观职业成功具有正向的影响作用，其各个维度对客观职业成功也具有正向影响作用，支持了研究假设 H2 和分假设 H2a、H2b 和 H2c。

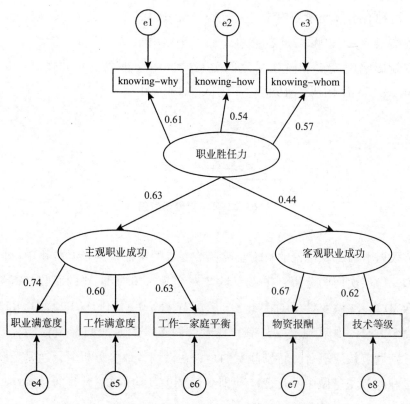

图 6 - 1　技能人才职业胜任力与职业成功关系路径

第二节　技能人才职业胜任力对
职业成功影响机理分析

一、组织支持感调节作用分析

（一）调节变量分析步骤

如果变量 Y 与变量 X 的关系是变量 M 的函数，称 M 为调节变量。也即变量 Y 与变量 X 的关系受到第三个变量 M 的影响，一般可以用图 6 - 2

表示这种有调节变量的模型。调节变量既可以是定性的（如种族、性别、学校类型等），也可以是定量的（如工作年限、晋升次数、年龄等），调节变量影响因变量和自变量之间关系的方向（正或负）和强弱（Baron R. M. & Kenny D. A.，1986）。

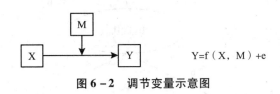

图 6 - 2　调节变量示意图

根据本书所要讨论的自变量和调节变量的特征，用带有乘积项的回归模型，做层次回归分析：①做变量 Y 对变量 X 和变量 M 的回归，得测定系数 R12；②做变量 Y 对变量 X、变量 M 和 XM 的回归得 R22，若 R22 显著高于 R12，则调节效应显著；或者，做 XM 的偏回归系数检验，若显著，则调节效应显著。特别注意的是，在做调节效应分析时，通常要将自变量和调节变量做中心化变换（即变量减去其均值），其目的是减小回归方程中变量间多重共线性问题。

（二）组织支持感在职业胜任力和主观职业成功关系中的调节作用分析

利用上述方法，分析组织支持感在职业胜任力和主观职业成功关系中的调节作用，首先对主观职业成功的职业满意度维度进行分析，结果如表 6 - 5 所示。

表 6 - 5　　组织支持感在职业胜任力和职业满意度关系中的调节作用检验

	Model1		Model2		Model3	
	B	SE	B	SE	B	SE
控制变量：年龄	0.000	0.008	- 0.010	0.006	- 0.008	0.006
婚姻状况	- 0.096	0.145	0.021	0.102	- 0.027	0.104
工作年限	- 0.111	0.057	0.036	0.040	0.045	0.041

续表

	Model1		Model2		Model3	
	B	SE	B	SE	B	SE
学历	0.049	0.063	− 0.066	0.044	− 0.060	0.044
knowing-why			0.577 ***	0.062	0.173	0.213
组织支持感			0.438 ***	0.050	0.079	0.188
knowing-why × POS					0.114 *	0.057
模型 R 方	0.045 **		0.534 ***		0.539 *	
	B	SE	B	SE	B	SE
控制变量：年龄	0.000	0.008	− 0.004	0.005	− 0.004	0.005
婚姻状况	− 0.096	0.145	0.161	0.097	0.123	0.098
工作年限	− 0.111	0.057	− 0.050	0.038	− 0.041	0.038
学历	0.049	0.063	− 0.046	0.042	− 0.043	0.042
knowing-how			0.681 ***	0.060	0.277	0.194
组织支持感			0.287 ***	0.053	− 0.114	0.190
knowing-how × POS					− 0.088	0.053
模型 R^2	0.058 **		0.589 ***		0.104	
	B	SE	B	SE	B	SE
控制变量：年龄	0.000	0.008	− 0.006	0.006	− 0.007	0.006
婚姻状况	− 0.096	0.145	0.006	0.107	0.042	0.108
工作年限	− 0.111	0.057	− 0.011	0.042	− 0.017	0.042
学历	0.049	0.063	− 0.025	0.047	− 0.023	0.047
knowing-whom			0.401 ***	0.055	0.723 ***	0.194
组织支持感			0.453 ***	0.054	0.732 ***	0.169
knowing-whom × POS					0.117 ***	0.050
模型 R^2	0.058 **		0.498 ***		0.596 *	

注：* $p < 0.05$，** $p < 0.01$，*** $p < 0.001$。

当因变量为职业满意度时，Model2 中的 knowing-why 与组织支持感对职业满意度作用显著，其回归系数分别为 B = 0.577 与 0.438，模型 R^2 = 0.534，且均在 $p < 0.001$ 水平下显著，当 Model3 中加入交互项 knowing-why × 组织支持感时，该项系数 B = 0.114，模型 R^2 = 0.539（$p < 0.001$），由此说明组织支持感在 knowing-why 与职业满意度间具有显著的调节作用。同理分析 knowing-how，第三层回归模型中交互项 knowing-how × 组织支持

感系数 B = -0.088，模型 R^2 = 0.104（p = ns），由此可知组织支持感在knowing-how 与职业满意度间不具有显著的调节作用。在 knowing-whom 与因变量的分析中可知，Model3 中的交互项 whom × 组织支持感系数 B = 0.117（p < 0.001），模型 R^2 = 0.596（p < 0.05），由此可知组织支持感在knowing-whom 与职业满意度间具有显著的调节作用。因此，除了 knowing-how 维度，组织支持感在 knowing-why 与 knowing-whom 两个维度与职业满意度之间的关系中起到显著的调节作用。当因变量为工作满意度时，分析结果如表 6-6 所示。

表 6-6　　组织支持感在职业胜任力和工作满意度关系中的调节作用检验

		Model1		Model2		Model3	
		B	SE	B	SE	B	SE
控制变量：	年龄	-0.005	0.009	-0.013	0.008	-0.014	0.008
	婚姻状况	-0.006	0.165	0.078	0.148	0.112	0.152
	工作年限	-0.082	0.064	0.029	0.059	0.023	0.059
	学历	0.230 ***	0.071	0.157 *	0.064	0.153 *	0.064
knowing-why				0.553 ***	0.09	0.83 **	0.309
组织支持感				0.194 **	0.072	0.44	0.273
knowing-why × POS						0.478 ***	0.084
模型 R^2		0.056 ***		0.251 ***		0.551 ***	
		B	SE	B	SE	B	SE
控制变量：	年龄	-0.005	0.009	-0.008	0.008	-0.007	0.008
	婚姻状况	-0.006	0.165	0.188	0.148	0.148	0.15
	工作年限	-0.082	0.064	-0.051	0.057	-0.041	0.058
	学历	0.23 ***	0.071	0.171 *	0.064	0.18 **	0.064
knowing-how				0.248 ***	0.092	0.162	0.295
组织支持感				0.276 ***	0.081	0.014	0.289
knowing-how × POS						0.125	0.081
模型 R^2		0.056 ***		0.261 ***		0.176	
		B	SE	B	SE	B	SE
控制变量：	年龄	-0.005	0.009	-0.009	0.009	-0.009	0.009
	婚姻状况	-0.006	0.165	0.065	0.155	0.043	0.158
	工作年限	-0.082	0.064	-0.021	0.061	-0.017	0.061

	Model1		Model2		Model3	
	B	SE	B	SE	B	SE
学历	0. 230 ***	0. 071	0. 184 **	0. 067	0. 182 **	0. 068
knowing-whom			0. 595 **	0. 079	0. 054	0. 281
组织支持感			0. 273 ***	0. 078	0. 354 ***	0. 246
knowing-whom × POS					0. 625 ***	0. 073
模型 R^2	0. 056 ***		0. 177 ***		0. 564 ***	

注：＊p＜0.05，＊＊p＜0.01，＊＊＊p＜0.001。

上表可以看出职业胜任力的三个维度均与组织支持感均有显著影响，knowing-why 回归系数分别为 B = 0. 553 与 0. 194，模型 R^2 = 0. 251（p ＜ 0. 001），knowing-how 回归系数分别为 B = 0. 248 与 0. 276，模型 R^2 = 0. 261（p ＜ 0. 001），knowing-whom 回归系数分别为 B = 0. 595 与 0. 273，模型 R^2 = 0. 177（p ＜ 0. 001），但考虑到 Model3 中交互项的作用时，交互项 knowing-how × 组织支持感的回归系数为 0. 125，模型 R^2 为 0. 176，不显著，而另外两个维度与组织支持感的交互项系数显著，由此我们可以得出组织支持感在 knowing-why 与 knowing-whom 与工作满意度关系间起到调节作用，而在 knowing-how 与工作满意度关系间没有起到调节作用。同理当因变量为工作—家庭平衡时，分析结果如表 6 - 7 所示。

表6 - 7　　组织支持感在职业胜任力和工作—家庭平衡关系中的调节作用检验

		Model1		Model2		Model3	
		B	SE	B	SE	B	SE
控制变量：	年龄	− 0. 011	0. 011	− 0. 016	0. 01	− 0. 017	0. 01
	婚姻状况	0. 164	0. 191	0. 244	0. 183	0. 301	0. 188
	工作年限	− 0. 051	0. 075	0. 032	0. 073	0. 02	0. 073
	学历	0. 200 *	0. 082	0. 13	0. 079	0. 123	0. 079
knowing-why				0. 311 **	0. 111	0. 779 *	0. 382
组织支持感				0. 276 **	0. 089	0. 692 *	0. 337
knowing-why × POS						− 0. 132	0. 103

续表

	Model1		Model2		Model3	
	B	SE	B	SE	B	SE
模型 R^2	0.026 *		0.119 ***		0.121	
	B	SE	B	SE	B	SE
控制变量：年龄	− 0.011	0.011	− 0.013	0.01	− 0.013	0.01
婚姻状况	0.164	0.191	0.344	0.179	0.323	0.182
工作年限	− 0.051	0.075	− 0.018	0.07	− 0.013	0.071
学历	0.200 *	0.082	0.146	0.077	0.148	0.077
knowing-how			0.534 ***	0.111	0.306	0.359
组织支持感			0.103	0.098	− 0.122	0.352
knowing-how × POS					0.066	0.099
模型 R 方	0.056 ***		0.261 ***		0.264	
	B	SE	B	SE	B	SE
控制变量：年龄	− 0.011	0.011	− 0.014	0.01	− 0.014	0.01
婚姻状况	0.164	0.191	0.236	0.185	0.237	0.189
工作年限	− 0.051	0.075	0.004	0.073	0.004	0.073
学历	0.200 *	0.082	0.146	0.08	0.146	0.081
knowing-whom			0.138	0.094	0.148	0.335
组织支持感			0.321 *	0.092	0.329	0.293
knowing-whom × POS					− 0.003	0.087
模型 R^2	0.026 *		0.101 ***		0.097	

注：* $p < 0.05$，** $p < 0.01$，*** $p < 0.001$。

虽然职业胜任力的三个维度均与组织支持感均有显著影响，但考虑到 Model3 中交互项的作用时，三个交互项 knowing-why × 组织支持感、knowing-how × 组织支持感、knowing-whom × 组织支持感的回归系数分别为 − 0.132、0.066 与 − 0.003，模型 R^2 分别为 0.121、0.264 与 0.097，但这三个模型中任何值均不显著，由此我们可以判断组织支持感在职业胜任力与工作—家庭平衡关系中均无明显调节作用。

最后，分析组织支持感在职业胜任力和主观职业成功关系间的调节作用，同上，将人口统计学变量作为控制变量的基础上，knowing-why、knowing-how、knowing-whom 和组织支持感变量进入回归方程，如表6－8 所示。

表6-8　　组织支持感在职业胜任力和主观职业成功关系中的调节效应检验

	Model1		Model2		Model3	
	B	SE	B	SE	B	SE
控制变量：年龄	-0.006	0.008	-0.013	0.006	-0.013	0.006
婚姻状况	0.005	0.137	0.104	0.112	0.117	0.116
工作年限	-0.077	0.054	0.035	0.045	0.032	0.045
学历	0.162 **	0.059	0.076	0.049	0.074	0.049
knowing-why			0.479 ***	0.068	0.585 *	0.235
组织支持感			0.301 ***	0.055	0.395 ***	0.208
knowing-why × POS					0.189 ***	0.063
模型 R^2	0.055 ***		0.372 ***		0.570 ***	
	B	SE	B	SE	B	SE
控制变量：年龄	-0.006	0.008	-0.009	0.006	-0.008	0.006
婚姻状况	0.005	0.137	0.217 *	0.108	0.184	0.109
工作年限	-0.077	0.054	-0.036	0.042	-0.028	0.042
学历	0.162 **	0.059	0.095 *	0.046	0.098 *	0.046
knowing-how			0.609 ***	0.067	0.258	0.214
组织支持感			0.148 *	0.059	-0.199	0.210
knowing-how × POS					-0.079	0.059
模型 R^2	0.055 ***		0.431 ***		0.304	
	B	SE	B	SE	B	SE
控制变量：年龄	-0.006	0.008	-0.010	0.007	-0.010	0.007
婚姻状况	0.005	0.137	0.091	0.118	0.096	0.121
工作年限	-0.077	0.054	-0.007	0.046	-0.007	0.047
学历	0.162 **	0.059	0.104 *	0.051	0.104 *	0.051
knowing-whom			0.261 ***	0.060	0.299 *	0.214
组织支持感			0.347 ***	0.059	0.379	0.187
knowing-whom × POS					0.388 ***	0.056
模型 R^2	0.055 ***		0.306 ***		0.435 ***	

注：*** $p < 0.001$，** $p < 0.01$，* $p < 0.05$。

从表6-8中可以得出：职业胜任力因素显著地增加了对主观职业成功回归方程的整体解释力。职业胜任力三个维度对主观职业成功有显著的正向预测作用，当 knowing-why、knowing-how、knowing-whom 和组织支持感之间的两两交互效应进入回归方程，knowing-why 和组织支持感两变量的交互作用极其显著提升了对主观职业成功回归方程的整体解释力（$R^2 = 0.570$，$B = 0.189$，$P < 0.001$），说明 knowing-why 和主观职业成功之间的相关关系受到组织支持感的调节，支持了研究假设 H3a；同时，knowing-whom 和组织支持感两变量的交互作用也显著地提升对主观职业成功回归方程的整体解释力（$R^2 = 0.435$，$B = 0.388$，$P < 0.001$），说明 knowing-whom 和主观职业成功之间的相关关系受到组织支持感的调节，支持研究假设 H3c；而 knowing-how 和组织支持感两变量的交互作用没有显著提升对主观职业成功回归方程的整体解释力（$R^2 = 0.304$，$B = -0.079$，$p = ns$），说明 knowing-how 和主观职业成功之间的相关关系没有受到组织支持感的调节，不支持研究假设 H3b；因此，总体上看，组织支持感在职业胜任力和主观职业成功关系中起到调节作用，支持了原假设 H3。

（三）组织支持感在职业胜任力和客观职业成功关系中的调节作用分析

依然采取上述分析步骤，对组织支持感在职业胜任力和客观职业成功关系中的调节作用进行检验和分析，首先是对技术等级维度进行分析，当因变量为技术等级时，检验组织支持感在职业胜任力三个维度 knowing-why、knowing-how、knowing-whom 与技术等级关系中的调节作用，结果如表 6 - 9 所示，当研究 knowing-why 与技术等级的关系时（Model2），knowing-why 与组织支持感对技术等级的影响系数分别为 $B = 0.127$，0.102，该模型的 $R^2 = 0.167$，不显著（$p = ns$），此时说明组织支持感并未起到调节作用。同理可知，knowing-how 与 knowing-whom 在关系检验中（Model2）影响系数 B 与模型 R^2 均不显著，由此可得组织支持感在职业胜任力三个维度与技术等级的关系中并无明显的调节作用。

表 6 - 9 　　　组织支持感在职业胜任力和技术等级关系中的调节效应检验

	Model1		Model2		Model3	
	B	SE	B	SE	B	SE
控制变量：年龄	0.007	0.012	0.012	0.012	0.034	0.012
婚姻状况	0.101	0.207	0.208	0.208	0.059	0.214
工作年限	0.293 ***	0.081	0.083 ***	0.083	0.343 ***	0.084
学历	0.213 *	0.089	0.091 *	0.091	0.126 *	0.091
knowing-why			0.127	0.127	0.282	0.439
组织支持感			0.102	0.102	0.230	0.387
knowing-why × POS					− 0.410	0.118
模型 R^2	0.170 *		0.167		0.167	
	B	SE	B	SE	B	SE
控制变量：年龄	0.007	0.012	0.007	0.012	0.006	0.012
婚姻状况	0.101	0.207	0.139	0.210	0.158	0.214
工作年限	0.293	0.081	0.290	0.082	0.286	0.082
学历	0.213	0.089	0.214	0.091	0.212	0.091
knowing-how			0.164	0.130	0.365	0.421
组织支持感			− 0.071	0.114	0.128	0.414
knowing-how × POS					− 0.058	0.116
模型 R^2	0.170		0.167		0.167	
	B	SE	B	SE	B	SE
控制变量：年龄	0.007	0.012	0.006	0.012	0.006	0.012
婚姻状况	0.101	0.207	0.099	0.208	0.126	0.212
工作年限	0.293	0.081	0.303	0.082	0.298	0.082
学历	0.213	0.089	0.226	0.091	0.228	0.091
knowing-whom			0.175	0.107	0.417	0.379
组织支持感			− 0.069	0.104	0.14	0.331
knowing-whom × POS					− 0.066	0.099
模型 R^2	0.170		0.172		0.171	

注：$* p < 0.05$，$** p < 0.01$，$*** p < 0.001$。

当因变量为物资报酬时，结果如表 6 - 10 所示。在以 knowing-why 为自变量的回归模型中，Model2 中 knowing-why 与组织支持感对物资报酬的影响系数 B 分别为 0.123（$p < 0.01$）与 0.078（$p < 0.05$），且该模型中

$R^2 = 0.091$（$p < 0.001$），由此可知 Model2 中变量对物资报酬的影响均显著，当加入 knowing-why × 组织支持感时（Model3），该交互作用系数为 -0.013，模型中 $R^2 = 0.089$，但 p = ns 说明组织支持感仍不具有显著的调节作用。同理在以 knowing-how 为自变量的回归模型中，加入 knowing-how × 组织支持感时，Model3 中的交互项系数 B = 0.006，$R^2 = 0.089$（p = ns）；而在以 knowing-whom 为自变量的回归模型中，加入 knowing-whom × 组织支持感时，Model3 中交互项系数 B = 0.006，$R^2 = 0.089$（p = ns）；由此均说明组织支持感在职业胜任力三个维度与物资报酬间仍不具有显著的调节作用。

表 6 - 10　　组织支持感在职业胜任力和物资报酬关系中的调节效应检验

		Model1		Model2		Model3	
		B	SE	B	SE	B	SE
控制变量：	年龄	0.004	0.004	0.002	0.004	0.002	0.004
	婚姻状况	0.065	0.071	0.087	0.069	0.093	0.071
	工作年限	-0.013	0.028	0.016	0.027	0.015	0.028
	学历	0.068 *	0.031	0.046	0.030	0.046	0.030
why				0.123 **	0.042	0.170	0.145
组织支持				0.078 *	0.034	0.120	0.128
why × 组织支持						-0.013	0.039
模型 R^2		0.016		0.091 ***		0.089	
		B	SE	B	SE	B	SE
控制变量：	年龄	0.004	0.004	0.003	0.004	0.003	0.004
	婚姻状况	0.065	0.071	0.097	0.070	0.095	0.071
	工作年限	-0.013	0.028	0.001	0.027	0.001	0.028
	学历	0.068 *	0.031	0.049	0.030	0.049	0.030
how				0.052 *	0.044	0.033	0.141
组织支持				0.095	0.038	0.075	0.138
how × 组织支持						0.006	0.039
模型 R^2		0.016		0.068 ***		0.065	

续表

		Model1		Model2		Model3	
		B	SE	B	SE	B	SE
控制变量：年龄		0.004	0.004	0.003	0.004	0.003	0.004
	婚姻状况	0.065	0.071	0.083	0.069	0.077	0.070
	工作年限	−0.013	0.028	0.008	0.027	0.009	0.027
	学历	0.068*	0.031	0.057*	0.030	0.056	0.030
whom				0.109*	0.035	0.049	0.125
组织支持				0.070*	0.034	0.019	0.109
whom×组织支持						0.016	0.033
模型 R^2		0.016		0.094***		0.092	

注：* $p < 0.05$，** $p < 0.01$，*** $p < 0.001$。

依然采取上述分析步骤，对客观职业成功进行分析，在人口统计学变量作为控制变量的基础上，knowing-why、knowing-how、knowing-whom 和组织支持感变量进入回归方程，研究结果如表 6-11 所示，职业胜任力因素显著地增加了对客观职业成功回归方程的整体解释力，职业胜任力三个维度对客观职业成功有显著的正向预测作用，当 knowing-why、knowing-how、knowing-whom 和组织支持感之间的两两交互效应进入回归方程，交互项的系数 B（分别为 0.079，0.000，0.002）及模型 R^2（分别为 0.131，0.131，0.121）均不显著，因此说明 knowing-why、knowing-how、knowing-whom 和客观职业成功之间的相关关系没有受到组织支持感的调节，因此研究结果不支持研究假设 H4a、H4b 和 H4c；因此，总体上看，组织支持感在职业胜任力和客观职业成功关系中没有起到调节作用，不支持原假设 H4。

表6-11　　组织支持感在职业胜任力和客观职业成功关系中的调节效应检验

		Model1		Model2		Model3	
		B	SE	B	SE	B	SE
控制变量：年龄		0.007	0.006	0.005	0.006	0.005	0.006
	婚姻状况	0.012	0.103	0.022	0.102	0.055	0.105

续表

	Model1		Model2		Model3	
	B	SE	B	SE	B	SE
工作年限	0.094 *	0.040	0.117 **	0.041	0.11 **	0.041
学历	0.113 *	0.044	0.104 **	0.044	0.100 *	0.044
knowing-why			0.155 **	0.062	0.434 *	0.214
组织支持			− 0.008	0.050	0.240	0.189
knowing-why × 组织支持					0.079	0.058
模型 R^2	0.111 ***		0.128 *		0.131	
	B	SE	B	SE	B	SE
控制变量：年龄	0.007	0.006	0.007	0.006	0.007	0.006
婚姻状况	0.012	0.103	0.059	0.102	0.059	0.104
工作年限	0.094 *	0.040	0.094 *	0.040	0.094 *	0.040
学历	0.113 *	0.044	0.109 *	0.044	0.109 *	0.044
knowing-how			0.183 **	0.064	0.182	0.206
组织支持			− 0.048	0.056	0.049	0.202
knowing-how × 组织支持					0.000	0.057
模型 R^2	0.111 ***		0.134 **		0.131	
	B	SE	B	SE	B	SE
控制变量：年龄	0.007	0.006	0.006	0.006	0.006	0.006
婚姻状况	0.012	0.103	0.018	0.102	0.018	0.104
工作年限	0.094 *	0.040	0.105 **	0.040	0.105 *	0.040
学历	0.113 *	0.044	0.115 *	0.045	0.115 *	0.045
knowing-whom			0.117 *	0.052	0.124	0.186
组织支持			− 0.008	0.051	− 0.001	0.163
knowing-whom × 组织支持					0.002	0.049
模型 R^2	0.111 ***		0.124 **		0.121	

注：*** $p < 0.001$，** $p < 0.01$，* $p < 0.05$。

（四）组织支持感调节作用分析总结

通过上述分析可知，组织支持感在职业胜任力与主观职业成功之间起到调节作用，即支持了研究假设 H3，在具体维度上，组织支持感在 knowing-why、knowing-whom 与职业满意度和工作满意度的关系中起到调节作用，而在 knowing-how 与职业满意度和工作满意度之间的关系中并未起到显著的调节作用，组织支持感在职业胜任力三个维度与工作—家庭平衡的关系中没有起到调节作用。由此，得出组织支持感在 knowing-why、knowing-whom 和主观职业成功相关关系中起到调节作用，而在 knowing-how 和主观职业成功相关关系中没有起到调节作用，因此支持了研究假设 H3a 和 H3c，不支持原假设 H3b。为了分析组织支持感作为调节变量所起到的影响作用，确定组织支持感的中位数 3.0，选取组织支持感值为 M + 1SD 为组织支持感良好组，M – 1SD 为组织支持感一般组，交互效应的分析结果如图 6 – 3 和 6 – 4 所示。

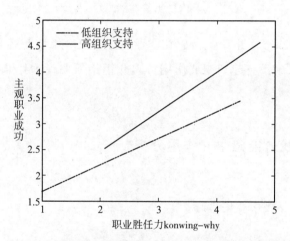

图 6 – 3　高、低组织支持感下 knowing-why 与主观职业成功回归方程比较

具有相同 knowing-why 与 knowing-whom 职业胜任力水平的铁路技能人才，高组织支持感的技能人才更容易获得主观职业成功。相对于拥有低组织支持感的铁路技能人才而言，随着 knowing-why 与 knowing-whom 职业胜任力水平的提高，拥有高组织支持感的技能人才获得职业成功的可能性提升幅度更高。

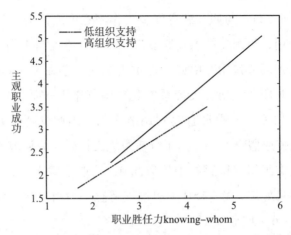

图6-4　高、低组织支持感下 knowing-whom 与主观职业成功回归方程比较

而回归结果显示组织支持感在职业胜任力三个维度与客观职业成功各个维度的关系中没有起到调节作用，因此拒绝原假设 H4 和 H4a、H4b 和 H4c。

二、自我效能感中介作用分析

（一）中介作用分析步骤

本书依然采用巴伦和肯尼（Baron & Kenny，1986）的方法，进行中介作用分析。从数据分析上来说分为三个步骤：一是自变量的变化能够显著地解释因变量的变化；二是自变量的变化能显著地解释中介变量的变化；三是控制中介变量后，自变量对因变量的作用消失了，也即回归方程中回归系数应等于零，或者说是明显地减小了，当回归系数为零时表明自变量对因变量的影响完全是由中介变量引起的，此时称此变量为完全中介变量；当回归系数明显减少时，称此变量起到部分中介作用；当回归系数明显增大时，此变量作为中介变量的假设就不成立。

（二）　自我效能感在职业胜任力和主观职业成功关系中的中介作用分析

采用上述方法，探讨自我效能感在职业胜任力（knowing-why、knowing-how 和 knowing-whom）和主观职业成功（职业满意度、工作满意度和工作—家庭平衡）间的中介作用。首先是对职业满意度的分析，结果如表 6 – 12 所示。

表 6 – 12　　　　自我效能感在职业胜任力与职业满意度关系中的中介作用检验

变量	knowing-why		knowing-how		knowing-whom	
	B	R^2	B	R^2	B	R^2
控制变量：年龄	– 0.01	0.201	– 0.005	0.045	– 0.007	0.045
婚姻状况	– 0.001		0.194		– 0.006	
工作年限	0.023		– 0.06		– 0.026	
学历	– 0.01		– 0.014		0.041	
职业满意度	0.82 ***	0.407 ***	0.878 ***	0.537 ***	0.627 ***	0.358 ***
自我效能感	0.545 ***	0.247 ***	0.4 ***	0.174 ***	0.382 ***	0.193 ***
控制自我效能感	0.724 ***	0.424 ***	0.159 **	0.151 **	0.534 ***	0.406 ***

注：*** $p < 0.001$，** $p < 0.01$，* $p < 0.05$。

表 6 – 12 显示，职业胜任力的三个维度对职业满意度的影响作用均在 $p < 0.001$ 下显著（系数 B 分别为 0.82，0.878，0.627）。当控制自我效能感后 knowing-why 对职业满意度的作用系数变为 0.724（$p < 0.001$），由此可知自我效能感在 knowing-why 与职业满意度之间起到部分中介作用；同时，knowing-how 对职业满意度的作用系数由 0.878 减小到 0.159，此时自我效能感起到部分中介作用；knowing-whom 对职业满意度的作用系数由 0.627 减小至 0.534，此时自我效能感仍起到部分中介作用。综合上述分析可知，自我效能感在职业胜任力三个维度与职业满意度的关系中起到部分中介作用。

其次是对工作满意度分析（见表 6 – 13），职业胜任力的三个维度对工作满意度的影响作用均在 $p < 0.001$ 下显著（系数 B 分别为 0.66，

0.647，0.383）。当控制自我效能感后，knowing-why 对工作满意度的作用系数变为 0.49（p < 0.001），由此可知自我效能感在 knowing-why 与工作满意度的关系中起到部分中介作用；同时可知 knowing-how 对工作满意度的作用系数由 0.647 减小到 0.516，此时自我效能感具有部分中介作用；knowing-whom 对工作满意度的影响作用由 0.383 减小至 0.227，自我效能感都起到了部分中介作用。综合上述分析可知，自我效能感在职业胜任力三个维度与工作满意度关系中均具有部分中介作用。

表 6 – 13　　　自我效能感在职业胜任力与工作满意度关系中的中介作用检验

变量	knowing-why		knowing-how		knowing-whom	
	B	R^2	B	R^2	B	R^2
控制变量：年龄	− 0.015	0.056 **	− 0.011	0.056 **	− 0.012	0.056 **
婚姻状况	0.113		0.231		0.113	
工作年限	0.031		− 0.026		− 0.011	
学历	0.181 **		0.181 **		0.214 ***	
工作满意度	0.66 ***	0.234 ***	0.647 ***	0.261 ***	0.383 ***	0.143 ***
自我效能感	0.545 ***	0.247 ***	0.4 ***	0.174 ***	0.382 ***	0.193 ***
控制自我效能感	0.49 ***	0.277 ***	0.516 ***	0.313 ***	0.227 **	0.225 **

注：*** p < 0.001，** p < 0.01，* p < 0.05。

最后是对工作—家庭平衡进行分析（表 6 – 14），职业胜任力的三个维度对工作—家庭平衡的影响作用均在 p < 0.001 下显著（系数 B 分别为 0.463，0.605，0.297）。当控制自我效能感后，knowing-why 对工作—家庭平衡的作用系数变为 0.309（p < 0.001），由此可知自我效能感在 knowing-why 与工作—家庭平衡关系之间发挥部分中介作用；同时 knowing-how 对工作—家庭平衡的作用系数由 0.605 减小到 0.514，此时自我效能感具有部分中介作用；knowing-whom 对工作—家庭平衡的作用系数由 0.297 减小至 0.170，此时自我效能感也起到部分中介作用。综合上述分析可知，自我效能感在职业胜任力的三个维度与工作—家庭平衡关系之间均起到部分中介作用。

表 6-14　　　　　自我效能感在职业胜任力与工作—家庭平衡

关系中的中介作用检验

变量	knowing-why		knowing-how		knowing-whom	
	B	R^2	B	R^2	B	R^2
控制变量：年龄	-0.018	0.026 *	-0.015	0.026 *	-0.016	0.026 *
婚姻状况	0.261		0.375 *		0.26	
工作年限	0.029		-0.006		0.005	
学历	0.166 *		0.155 *		0.187 *	
工作—家庭平衡	0.463 ***	0.091 ***	0.605 ***	0.163 ***	0.297 ***	0.065 ***
自我效能感	0.545 ***	0.247 ***	0.4 ***	0.174 ***	0.382 ***	0.193 ***
控制自我效能感	0.309 **	0.117 **	0.514 ***	0.181 ***	0.170	0.104

注：*** $p < 0.001$，** $p < 0.01$，* $p < 0.05$。

考虑因变量为主观职业成功总分时，结果如表 6-15 所示，knowing-why 对主观职业成功的作用系数为 0.644，$p < 0.001$ 水平下显著，表明 knowing-why 的变化能够显著的解释主观职业成功的变化，当控制自我效能感后，knowing-why 的系数降为 0.505（$p < 0.001$），虽不等于零但小于 0.644，此时自我效能感起到部分中介作用；knowing-how 对主观职业成功的作用系数在 99% 水平下显著（B = 0.711），在控制自我效能感后，降为 0.613，此时自我效能感在 knowing-how 与主观职业成功之间起到部分中介作用；同理 knowing-whom 对主观职业成功的作用系数由 0.433 减小至 0.308（$p < 0.001$），也起到部分中介作用。由此可知，自我效能感在职业胜任力三个维度 knowing-why、knowing-how、knowing-whom 与主观职业成功之间均起着部分中介作用。综合上述分析，可知技能人才自我效能感在职业胜任力与主观职业成功的关系中起中介作用，假设 H5 得到支持，其分假设 H5a、H5b 和 H5c 得到部分支持。

表 6 – 15   自我效能感在职业胜任力与主观职业成功关系中的中介作用检验

变量	knowing-why		knowing-how		knowing-whom	
	B	R^2	B	R^2	B	R^2
控制变量：年龄	– 0.014	0.055 **	– 0.011	0.055 **	– 0.012	0.055 **
婚姻状况	0.113 *		0.25 *		0.11	
工作年限	0.03		– 0.027		– 0.008	
学历	0.115 *		0.11 *		0.149 ***	
主观职业成功总分	0.644 ***	0.306 ***	0.711 ***	0.42 ***	0.433 ***	0.222 ***
自我效能感	0.545 ***	0.247 ***	0.4 ***	0.174 ***	0.382 ***	0.193 ***
控制自我效能感	0.505 ***	0.348 ***	0.613 ***	0.462 ***	0.308 ***	0.298 ***

注：*** $p < 0.001$，** $p < 0.01$，* $p < 0.05$。

（三）自我效能感在职业胜任力和客观职业成功关系中的中介作用分析

依然采用上述步骤进行检验。当因变量为客观职业成功的物资报酬维度时，分析结果见表 6 – 16 所示。通过分析自变量对因变量的影响作用可知，职业胜任力的三个维度 knowing-why、knowing-how 与 knowing-whom 对物资报酬均有显著的影响作用（系数 B 分别为 0.366、0.417 和 0.544），并且均在 $p < 0.001$ 水平下显著，当控制自我效能感后，分析职业胜任力三个维度对物资报酬的作用系数可知，都有明显降低（分别变为 0.206、0.302 和 0.366），由此判断自我效能感在 knowing-why、knowing-how 与 knowing-whom 与物资报酬关系中均起到部分中介作用。

表 6 – 16   自我效能感在职业胜任力与物资报酬关系中的中介作用检验

变量	knowing-why		knowing-how		knowing-whom	
	B	R^2	B	R^2	B	R^2
控制变量：年龄	0.003	0.016	0.004	0.016	0.003	0.016
婚姻状况	0.063		0.096		0.061	
工作年限	0.011		– 0.012		– 0.002	
学历	0.056		0.06 *		0.071 *	
物资报酬	0.366 ***	0.077 ***	0.417 ***	0.051 ***	0.544 ***	0.084 ***

变量	knowing-why		knowing-how		knowing-whom	
	B	R^2	B	R^2	B	R^2
自我效能感	0.545 ***	0.247 ***	0.4 ***	0.174 ***	0.382 ***	0.193 ***
控制自我效能感	0.206 ***	0.087 ***	0.302 ***	0.051 **	0.366 ***	0.09 ***

注：*** $p < 0.001$，** $p < 0.01$，* $p < 0.05$。

当因变量为客观职业成功的技术等级维度时，通过分析自变量对因变量的影响作用可知，职业胜任力的三个维度 knowing-why、knowing-how 与 knowing-whom 对技术等级均有显著的影响作用（系数 B 分别为 0.411、0.381 和 0.327），并且均在 $p < 0.001$ 水平下显著，当控制变量自我效能感后，分析职业胜任力三个维度对技术等级的作用系数改变量可知，均有明显降低（分别变为 0.196、0.110 和 0.144），由此判断自我效能感在 knowing-why、knowing-how 与 knowing-whom 与技术等级关系中起到部分中介作用，具体结果见表 6-17。

表 6-17 自我效能感在职业胜任力与技术等级关系中的中介作用检验

变量	knowing-why		knowing-how		knowing-whom	
	B	R^2	B	R^2	B	R^2
控制变量：年龄	0.006	0.17 ***	0.006	0.17 ***	0.006	0.17 ***
婚姻状况	0.111		0.137		0.107	
工作年限	0.31 ***		0.299 ***		0.308 ***	
学历	0.206 *		0.205 *		0.214 *	
技术等级	0.411 ***	0.170	0.381 ***		0.327 ***	0.174
自我效能感	0.545 ***	0.247 ***	0.4 ***	0.174 ***	0.382 ***	0.193 ***
控制自我效能感	0.196 ***	0.167	0.110 ***	0.168	0.144 ***	0.171

注：*** $p < 0.001$，** $p < 0.01$，* $p < 0.05$。

考虑当因变量为客观职业成功总分时，结果如表 6-18 所示，通过分析自变量对因变量的影响作用可知，职业胜任力的三个维度 knowing-why、 knowing-how 与 knowing-whom 对客观职业成功均有显著的影响作用（系数 B 分别为 0.351、0.385 和 0.413），并且均在 $p < 0.001$ 水平下显著，当控制变量自我效能感后，分析职业胜任力三个维度对客观职业成功的作用系数改变量可知，均有明显降低（分别变为 0.270、0.259 和 0.219），由此判断自我效能感在 knowing-why、knowing-how 与 knowing-whom 与客观职业成功关系中起到部分中介作用。综合上述分析，可知技能人才自我效能感在职业胜任力与客观职业成功的关系中起中介作用，研究假设 H6 得到支持，其分假设 H6a、H6b 和 H6c 得到部分支持。

表 6 – 18　　自我效能感在职业胜任力与客观职业成功关系中的中介作用检验

变量	knowing-why		knowing-how		knowing-whom	
	B	R^2	B	R^2	B	R^2
控制变量：年龄	0.006	0.111 ***	0.007	0.016	0.006	0.111 ***
婚姻状况	0.016		0.055		0.015	
工作年限	0.116 **		0.097 *		0.104 *	
学历	0.103 *		0.103 *		0.115 *	
客观职业成功总分	0.351 ***	0.131 **	0.385 ***	0.135 **	0.413 ***	0.127 *
自我效能感	0.545 ***	0.247 ***	0.4 ***	0.174 ***	0.382 ***	0.193 ***
控制自我效能感	0.27 ***	0.129 **	0.259 ***	0.151 **	0.219 ***	0.125 *

注：*** $p < 0.001$，** $p < 0.01$，* $p < 0.05$。

（四）自我效能感中介作用分析总结

综合上述分析结果，可知，自我效能感在职业胜任力的三个维度与职业满意度、工作满意度和工作—家庭平衡关系之间均起到部分中介作用，可知技能人才自我效能感在职业胜任力与主观职业成功的关系中起中介作用，假设 H5 得到支持，其分假设 H5a、H5b 和 H5c 得到部分支持。自我效能感在职业胜任力三个维度与物资报酬和技术等级关系之间均起到部分中介作用，可知技能人才自我效能感在职业胜任力与客观职业成功的关系中起中介作用，研究假设 H6 得到支持，其分假设 H6a、H6b 和 H6c 得到部分支持。

第三节 实证研究结论与讨论

从以上检验结果可以看出,本书所提出的理论假设大部分获得了支持或部分支持,有个别5个假设没有获得支持(见表6－19),这表明研究变量之间的关系是复杂的,可能还会受到其他因子的影响。以下就获得支持的理论假设所具有的启示和未获得支持的理论假设可能存在的原因,以及研究结论进行讨论和解释。

表6－19　　　　　　　　各假设检验结果汇总

假设	假设内容	检验结果
H1	技能人才职业胜任力对其主观职业成功具有正向的影响作用	支持
H1a	技能人才 knowing-why 对其主观职业成功具有正向的影响作用	支持
H1b	技能人才 knowing-how 对其主观职业成功具有正向的影响作用	支持
H1c	技能人才 knowing-whom 对其主观职业成功具有正向的影响作用	支持
H2	技能人才职业胜任力对其客观职业成功具有正向的影响作用	支持
H2a	技能人才 knowing-why 对其客观职业成功具有正向的影响作用	支持
H2b	技能人才 knowing-how 对其客观职业成功具有正向的影响作用	支持
H2c	技能人才 knowing-whom 对其客观职业成功具有正向的影响作用	支持
H3	技能人才组织支持感在职业胜任力与主观职业成功的关系中起调节作用,组织支持感水平越高,职业胜任力对主观职业成功的影响越显著	支持
H3a	技能人才组织支持感在 knowing-why 与主观职业成功的关系中起调节作用,组织支持感水平越高,knowing-why 对主观职业成功的影响越显著	支持
H3b	技能人才组织支持感在 knowing-how 与主观职业成功的关系中起调节作用,组织支持感水平越高,knowing-how 对主观职业成功的影响越显著	不支持
H3c	技能人才组织支持感在 knowing-whom 与主观职业成功的关系中起调节作用,组织支持感水平越高,knowing-whom 对主观职业成功的影响越显著	支持
H4	技能人才组织支持感在职业胜任力与客观职业成功的关系中起调节作用,组织支持感水平越高,职业胜任力对客观职业成功的影响越显著	不支持

续表

假设	假设内容	检验结果
H4a	技能人才组织支持感在 knowing-why 与客观职业成功的关系中起调节作用，组织支持感水平越高，knowing-why 对客观职业成功的影响越显著	不支持
H4b	技能人才组织支持感在 knowing-how 与客观职业成功的关系中起调节作用，组织支持感水平越高，knowing-how 对客观职业成功的影响越显著	不支持
H4c	技能人才组织支持感在 knowing-whom 与客观职业成功的关系中起调节作用，组织支持感水平越高，knowing-whom 对客观职业成功的影响越显著	不支持
H5	技能人才自我效能感在职业胜任力与主观职业成功的关系中起中介作用	支持
H5a	技能人才自我效能感在 knowing-why 与主观职业成功的关系中起中介作用	部分支持
H5b	技能人才自我效能感在 knowing-how 与主观职业成功的关系中起中介作用	部分支持
H5c	技能人才自我效能感在 knowing-whom 与主观职业成功的关系中起中介作用	部分支持
H6	技能人才自我效能感在职业胜任力与客观职业成功的关系中起中介作用	支持
H6a	技能人才自我效能感在 knowing-why 与客观职业成功的关系中起中介作用	部分支持
H6b	技能人才自我效能感在 knowing-how 与客观职业成功的关系中起中介作用	部分支持
H6c	技能人才自我效能感在 knowing-whom 与客观职业成功的关系中起中介作用	部分支持

一、技能人才职业胜任力与职业成功关系的讨论

首先在没有考虑自我效能感和组织支持感变量的影响下，直接对技能人才职业胜任力与主观职业成功和客观职业成功的相关关系进行了分析，得到如下分析结果：总假设 H1 和分假设 H1a、H1b、H1c 获得支持，总假设 H2 和分假设 H2a、H2b、H2c 也得到支持。具体研究结论如下：假设 H1 即技能人才职业胜任力与主观职业成功具有正相关关系，实证结果得出该假设成立，这表明技能人才具有的职业胜任力水平越高越容易获得主观职业成功；相反，如果技能人才的职业胜任力水平下降或不高，难以实现职业的自我满足感和获得较高的职业满意度。假设 H2 即技能人才职业胜任力与客观成功具有正相关关系，实证结果得出该假设成立，这表明技能人才具有的职业胜任力水平越高越容易获得技术等级的提升和更高的物质报酬，总体来看，该研究结果与伊贝等人（2003）、哈斯（2007）、孔等人（2012）的研究结论一致。

就技能人才职业胜任力三维度与主观职业成功各子维度的关系来看，职业胜任力三个维度对主观职业成功中职业满意度的预测作用显著，这与学者孔等人（2012）以中国酒店管理人员为研究对象得出的结论相似，但与郑晓霞（2011）以知识型员工为研究对象得出的研究结果不同，该研究得出 knowing-why 维度对职业满意度的预测作用不显著，但该研究随后指出随着人力资源管理水平的逐步提高，knowing-why 这种深层次职业胜任力对职业成功的影响作用将越来越重要。同时，本研究得出职业胜任力三个维度对主观职业成功中工作满意度的预测作用显著，学者哈斯（2007）以警察为研究对象也得出了类似的研究结论。在本书的研究中，工作—家庭平衡成为技能人才主观职业成功的重要衡量指标，这一指标与国内刘宁、刘晓阳（2008）对管理人员职业成功评价指标的研究内容类似，但这一指标在国外的研究中是比较少见的（Arthur et al.，2005）。一方面，与西方强调个人的自主、独立不同，我国传统的文化背景决定了中国人以家庭为本位，在这种文化背景的影响下，我国技能人才非常注重家庭因素并通过各种措施努力保持工作和家庭的平衡；另一方面，"技能短缺"现象造成了技能人才工作任务重、工作节奏紧张、压力大，工作更容易影响到家庭生活。因此，在这种背景下，很多技能人才把处理好工作和家庭的关系看作其职业成功的代表性指标，有研究也表明，内在满足、外在补偿以及工作—家庭平衡可能是中国员工职业成功的重要影响要素（Marcello Russo，2014）。从技能人才职业胜任力三个维度对工作—家庭平衡的预测作用来看，knowing-why 与 knowing-whom 对其预测作用显著，而 knowing-how 的预测作用不显著，可以得出与职业动机、个人意义密切相关的，有利于开发各种潜能、适应工作环境变化的职业胜任力，以及有助于在工作中建立良好的内外部关系网络的职业胜任力的提升更能够实现工作—家庭的平衡。

就技能人才职业胜任力三个维度与客观职业成功各子维度的关系来看，职业胜任力三维度对客观职业成功物质报酬的预测作用显著，这一结论与伊贝等人（2003）、哈斯（2007）、孔等人（2012）的观点类似，研究也得出技术等级被技能人才认为是重要的客观职业成功衡量指标，这在以往的研究中是比较少见的，铁路行业因为其自身的特性，技能人才的客观成功还有其特殊性，如"首席技师""技术能手"等虽然收入没有拉开特别大的差距，但这类技能人才客观成功更多的体现在其技能水平上，与管理人员相比，他们更愿意通过自己的知识和技能的提升、获取更高的技术等级来实现自己的价值。从职业胜任力对技术等级的预测作用来看，knowing-how 和 knowing-why 对其预测作用显著，knowing-whom 对其预测作用不显著，可以看出技能人才具有较高的与工作相关的知识和技能更容易获得高的技术等级，这与当前技能人才职业技能鉴定的要求相一致。此外，技能人才具备较高的职业洞察力、较高的经验开放性水平、能够积极地改善现有环境或创造新环境等也更容易激发其学习的热情，提升其职业技能水平。

二、组织支持感调节作用的讨论

实证结果显示：一方面，总假设 H3 获得支持，分假设 H3a 和 H3c 获得了支持，H3b 没有获得支持，可知技能人才组织支持感在职业胜任力与主观职业成功的关系中起调节作用，组织支持感水平越高，职业胜任力对主观职业成功的影响越显著，特别表现在 knowing-why 和 knowing-whom 两个维度上。因此，通过本研究，组织和个人都应在员工追求职业成功的过程中发挥重要作用的观点得到实证支持。在早期的西方文献中，学者们的研究多数注重员工应该怎样对自己的职业成功负责（Adamson & Doherty，1998；Heaton & Ackah，2007），近年来，随着员工的流动性增加以及新生代员工逐步成为企业的中坚力量，职业成功的获取逐步走向由个人和组织共同负责（Kong et al.，2012），并且组织在员工职业发展活动的重要性日益增加（Pelin Kanten，2014）。本书的研究也得出了组织在技能人才追求职业成功的过程中发挥着重要作用，技能人才在职业发展过程中仍然需要组织的支持作用，其能够调节职业胜任力对主观职业成功的影响作用。技能人才来自组织的支持包括提供职业指导、培训机会以及提供有利于职业发展的工作派遣机会，技能人才越是感觉到组织对自己的重视，越是会投入到对工作的贡献当中去，表现在行为上就是更加有效的发挥其职业胜任力水平，特别是激发其工作的主动性（knowing-why 方面），建立良好的内外部网络关系（knowing-whom 方面），从而获得更高的职业满意度和工作满意度。

另一方面，总假设 H4 以及分假设 H4a、H4b、H4c 没有获得支持，即技能人才组织支持感在职业胜任力与客观职业成功的关系中没有起调节作用，这一结论与学者霍德斯和伊森伯格（Rhoades & Eisenberger，2002）、林和黄（Lin & Huang，2005）等人的研究结果不同，他们认为组织支持感增加了员工获取更高工资水平和晋升的可能性。对铁路技能人才进行深入分析，组织在技术等级评定的管理和支持是有限的，技能人才技术等级的获取更多的是通过规范性的知识和实操考试来获取的，同时，由于铁路转企改制时间较短，组织对铁路技能人才物资报酬的差异化控制起到的作用有限，因此，研究没有得出组织支持感在职业胜任力与客观职业成功的关系中起到调节作用。

三、自我效能感中介作用的讨论

上述分析得出，自我效能感在技能人才职业胜任力与主观职业成功关系之间发挥一定的中介作用，假设 H5 成立，分假设 H5a、H5b 和 H5c 得到部分支持；同时，研究得出自我效能感在技能人才职业胜任力与客观职业成功关系之间发挥一定的中介作用，假设 H6 成立，分假设 H6a、H6b 和 H6c 得到部分支持。这表明，技能人才虽然具有较高的职业胜任力水平，但要获得职业成功，还需要发挥自我效能感的作用。这与加拿大学者阿佩巴姆和哈尔（Appelbaum & Hare，1996）的观点相似，即自我效能感在自我目标设定与绩效提升的关系中起到中介作用，拥有高自我效能感的人更容易取得高绩效，获取职业成功，戴和阿伦（Day & Allen，2004）

以及阿贝里和斯普尔克（Abelea & Spurk，2009）的研究也支持了上述假设，即自我效能感与客观职业成功和主观职业成功有着密切的关系。

在主观职业成功方面，实证结果显示，分假设 H5a 获得部分支持，这表明技能人才自我效能感在 knowing-why 职业胜任力与主观职业成功的关系中起到部分中介作用，这也意味着，技能人才具有较高的职业洞察力、主动性人格和经验的开放性，如动机能力、开发各种潜能和适应工作环境变化的能力等，自我效能感就越强，就越有能力克服职业高原，提高职业满意度和工作满意度，以实现更大的职业发展。实证研究结论也支持了金（King，2004）和波洛特（Ballout，2009）等人的观点，即员工的自我效能感及其对职业结果的控制将使他们能够表现出对职业生涯的自我管理行为，而这些行为能够促进其实现理想的职业目标，并最终获得职业成功。同时，实证研究结果显示，假设 H5b 也获得部分支持，这表明技能人才自我效能感在 knowing-how 职业胜任力与主观职业成功的关系中起到部分中介作用，技能人才拥有较高的职业相关知识和技能，能够更好地克服工作中的疑难问题，增加其工作中的成功经验，从而提高其自我效能感，获得主观职业成功，研究结论与斯图克利夫和沃古斯（Stucliffe & Vogus，2003）的观点一致，即高自我效能感的人能够掌握和控制与工作相关的行为，这就为技能人才职业满意度和工作满意度的提升创造了条件，同时，该研究还进一步回答了真实的技能、能力与自我效能感之间的关系，学者周文霞（2006）指出，真实的技能、能力与自我效能感之间的关系，是自我效能感研究中存在的一个重要问题，在本书的研究中得出了技能人才自我效能感在职业相关知识、技能与主观职业成功的关系中起到部分中介作用，为研究真实技能、能力与自我效能感之间的关系提供了一个研究视角。此外，实证研究结果显示，假设 H5c 也获得部分支持，即技能人才自我效能感在 knowing-whom 职业胜任力与主观职业成功的关系中起到部分中介作用，也就是说，技能人才内外部网络关系、导师制一定程度上是通过自我效能感来影响其主观职业成功的。有研究指出，社会劝说是加强自我效能感的来源之一，拥有良好网络关系的技能人才增加了其被劝说的可能性，他们更有可能投入更多的努力和毅力坚持工作，以积极的心态把负面的信息转化为积极的能量，增强自我效能感，从而增加获得职业成功的可能，同样，良好的导师网络能够提供技能人才更多的替代性经验（示范效应），从而激发起自我效能感，使其获得职业上的成功。

在客观职业成功方面，分假设 H6a、H6b 和 H6c 都得到部分支持，从研究结果看，自我效能感在职业胜任力的三个维度与物资报酬的关系中都起到部分中介作用，这与很多学者的观点类似（Noe & Wilk，1993；Bell & Staw，1989），而自我效能感只在 knowing-how 职业胜任力与技术等级的关系中起到中介作用，说明技能人才拥有较高的职业相关知识、技能以及职业认同感，但要想获得更高水平的技术等级，还需要发挥自我效能感的作用。

管理应用篇

　　本篇在理论研究和实证研究分析的基础上，结合铁路技能人才的工作环境和岗位特点，研究基于职业胜任力的铁路技能人才职业生涯管理体系。从铁路技能人才个体层面和铁路企业组织层面出发，提出铁路技能人才职业生涯管理的对策建议，以引导其获得职业成功。

第七章

技能人才职业成功策略

从个体角度分析，由于职业胜任力与职业成功之间呈显著正相关关系，因此，提升个体的职业胜任力水平是个体获取职业成功的重要途径之一，技能人才通过提高职业胜任力各维度水平，进而提高其获取职业成功的可能性。此外，自我效能感在职业胜任力与职业成功的关系中起到部分中介作用，是促使职业胜任力发挥作用的催化剂。本章主要从个体层面阐述技能人才获取职业成功的主要策略和方法。

第一节　技能人才职业胜任力提升

职业胜任力是影响铁路技能人才职业成功重要的因素。本书从以下几个方面来阐述技能人才职业胜任力提升的策略，进而促进其职业成功。

一、完善个性特征，打好职业基础

技能人才的个性特征是职业胜任力的基本组成部分。通过一定的培养，可以使个体适当改变或者完善其个性特征，从而更适应职业的发展。从 knowing-why 职业胜任力所包含的三个维度来看，建议从以下三个方面来完善技能人才的个性特征，打好职业基础。

首先是增强技能人才的职业洞察力，把握自身的定位与外部需求。良好的职业洞察力体现的不仅仅是对自身优劣势的清晰认知，还包括对外部环境需求和信息的洞察和把握，从而使得自我的条件和外部的需求、不同行业的工作要求达到更好的协调与匹配。对于铁路技能人才来说，第一，要能够正确地认识自我，了解自我的优势以及劣势，不断更新个人技能，以防止技能老化，调整自己的职业定位；第二，要善于观察和思考行业的变化、运输系统经营环境的变化以及新设备、新技术的更新换代，并时时留意这些变化对自己的岗位造成的影响；第三，铁路技能人才要通过不断的观察和思考来储备所需的技能和经验，及时做好职业应对的准备。

其次是培养主动性人格，增强自身的主动积极性。研究表明，主动性人格可以通过相应的主动行为及认知变量发挥作用，高主动性人格者有着更高的职业决策自我效能，既可实现内部的就业成功，又可间接影响真正的职业成功（姚琼等，2012）。虽然主动性人格是个体所具有的一种内在的稳定性倾向，但也可以通过对主动性行为的干预来达到培养主动性人格的目的。因此，对于铁路技能人才来说，在当今铁路快速发展的大环境下，要学会以主动的态度来捕捉机遇，以主动的行为来改变外部环境的行为倾向性，积极培养自身的主动性，独立判断能力，勇于说出自己的想法等。例如技能人才平时可以主动加强理论知识的学习，积极参加系统内的重要项目活动，及时与上级交流自身的想法和心得，努力完成自我设定的工作目标或任务等。

最后是培养自我的想象力、好奇心，增强创新能力。作为铁路的基础性人才，不能一味地循规蹈矩，按照既定的工作程序进行工作，不善于创造，这既不利于技能人才的提升与发展，也不利于企业的创新和进步。铁路技能人才应该善于思考，富有创造性，即培养自我的经验开放性，提高自身的素质涵养，多读书多积累，善于动手和思考，乐于与他人分享，积极地总结工作经验，勇于攻坚技术难题等。

二、加强职业知识和技能的学习，提升核心竞争力

对于铁路技能人才来说，丰富的职业理论知识，熟练的职业技能是其通往职业成功道路上的重要法宝，职业知识和职业技能是职业技能人才生存和发展的核心技术能力。本书从 knowing-how 职业胜任力的角度出发，主要从以下两方面来加强铁路技能人才职业知识、技能的学习。

一方面，按照个人的职业生涯规划路径，在一定阶段考取职业资格证书，积极参加职业资格考试培训课程，提升个人的技能水平。尽管目前的评聘机制还存在一定的缺陷，但是随着制度的逐步完善和放开，聘用制度会和考评制度结合起来，逐步消除铁路技能人才的职业瓶颈。除此之外，随着职业生涯的无边际化，铁路技能人才应该掌握更为宽泛的职业技能，即有益于个人职业发展的多元化技能：如对高铁技术、高铁设备的学习，新政策、新理论的学习，与他人的沟通、协助团队工作等。多元化的职业技能是新时代技能人才的发展方向，也是技能人才取得职业成功的必备职业胜任力。

另一方面，铁路技能人才要了解和掌握铁路行业发展的需求，积极提升自身的学历层次。随着动车组列车和高铁列车的快速发展，铁路企业对技能人才的任职资格要求越来越高，如学历要求、工作经验要求等。因此，铁路技能人才可以利用企业所提供的培训机会，不断提升自我的学历水平。此外，还可以通过网络课程学习、实地培训学习等方式完成学历教育的课程任务，增强自身的职业胜任力水平。

三、增强人际网络关系，拓宽成功渠道

knowing-whom 职业胜任力包含导师制、组织内部的人际网络以及组织外部的人际网络三个预测因子。因此，影响职业胜任力水平的另一个关键因素是个人的人际网络关系。对于铁路技能人才来说，积极拓展其人际网

络，强化与他人的联系，在日常工作或生活中增进彼此的了解与信任，获得他人在自己事业发展上的帮助和支持，会更有助于取得职业成功。而且人际网络的结构越多元化，所能获得的资源就越丰富，获得职业上的帮助就越显著，从而能影响到技能人才的收入、晋升和职业满意度的提升。因此，作为一名铁路技能人才，要积极参与组织的集体活动，利用企业搭建的沟通平台，接触不同岗位的人，通过相互的沟通了解，多思考、多交流，建立起自己的社交网络，在未来的职业发展道路上或许会获得社交网络成员更多的职业支持，从而促进职业生涯的发展。

第二节　技能人才自我效能感提升

自我效能感是影响铁路技能人才获取职业成功的另一个重要因素，如果没有较强的自我效能感，虽然具备了一定水平的职业胜任力，也未必能取得职业成功。提高自我效能感的途径很多，本书主要探讨从改变自我效能感影响因素的角度促进自我效能感的提升。

一、熟练掌握技能与增加成功体验

由于自己的经历和认识最可信，熟练掌握技能与增加成功体验能够提高个人能力和信心，从而实现自我效能感的提升。技能人才通过生产、生活中的亲身体验获得关于提升自身能力的直接经验，成功的经验可以提高自我效能感，使技能人才信心得到提升。反之，多次的失败会降低个体对自己能力的评估，使人丧失信心。然而，对成功的认知取决于个体的归因倾向，如果技能人才把成功归因于自身努力，那么他通过熟练技能和亲身经历获取的成功的确能增强自我效能感，还能产生更高的绩效水平，并使这种螺旋上升持续发生。但是如果将自己的成功归因于外部环境，自我效能感的提升幅度较小。因此，对于铁路技能人才来说，一方面要加强自身技能的熟练程度，增加成功体验；另一方面要正确归因自身的成功经历，以此来提高自我效能感。

二、替代性经验激励产生自我效能感

在日常工作中，增加成功体验的机会较难获得。但是可以利用身边的榜样力量，用替代性经验来激励、鼓舞自己。通过观察别人在职业发展过程中的成功和失败的经历，加以学习和借鉴。在看到别人获得成功之后，自己会从中学习，并且有选择地模仿他们的成功行为，尤其是当看到与自己水平差不多的人获得成功时，对技能人才的激励性会更大，这正是要在技能人才的建设上营造良好工作氛围的意义所在。技能人才会在同行获得成功的情况下，提高其自我效能感的判断，增强自信心，相信自己有能力完成同样的任务，最终取得职业成功。

因此，对于铁路技能人才来说，要学会积极发现身边的榜样力量，主动寻求他人的帮助。尤其是身边同事的帮助，因为同事在背景、能力和职业目标上与技能人才个人更加相似，可能比专业培训师和外部顾问的正式培训更能有效提高自我效能感。同时，被观察的情境与实际工作越相似，观察体验越可能增强自我效能感，因为自我效能感是与具体情境相联系的（曹甜甜，2012）。因此，对自我效能感的培训应该在与实际工作相似的环境中进行，在所有客观条件相同的前提下，技能人才之间应该相互学习，在组织内形成学习之风。

三、通过言语说服激发自我效能感

言语激励是最直接的提升自我效能感的方法。运用积极反馈和社会认可提高技能人才工作积极性的激励方法甚至超过了金钱奖励和其他激励技巧。它能够强化自我的良好表现，增强自我效能感。因此，对于铁路技能人才来说，要学会并且善于应用言语说服来激发自我效能感，提升信心。

例如，当自己取得成绩，应该给予自我积极的肯定；在遭遇困难时，自我应该予以语言上的鼓励和暗示。通过这种反复性和经常性的言语暗示来消除对自己的怀疑，转向相信自己。

四、生理和情绪健康是产生自我效能感的基础和保证

个体的身心健康状况与自我效能感的关系虽然没有上述三个方面那么紧密，但它是产生自我效能感的基础和保证。只有具备良好的健康状况，才会产生自我效能感的信念与期望；相反，疾病、疲劳和身体不适会降低自我效能感。同样，积极的心理状态会激发观察、自我调节、自我反思等，这些过程能增强个体信心；消极的心理状态往往让人感到绝望、无助和悲观，进而导致自我怀疑和效能感降低。

中国铁路总公司作为有社会责任感的大型国企，一直高度重视职工特别是技能人才的身心健康。为更好地帮助职工解决生理和心理问题，同时更好地契合国家的"健康中国"计划，2015年，中国铁路总公司启动了以"健康体检、健康宣传、健康维护"为主要内容的职工健康行动计划。并提出了健康的生活理念："合理膳食、戒烟限酒、适量运动、心理平衡"。

对于铁路技能人才来说，平时应该加强身体锻炼，提升身体素质，多参加企业内的社会活动和聚会，与家人在一起郊游等都可以在充满持续高压的工作环境中得到生理和心理上的放松。

第八章

技能人才职业管理策略

技能人才的职业成功不仅靠个人的主观努力，而且离不开组织管理的支持和辅助，组织通过管理手段为技能人才提供职业发展的必备条件，为技能人才实现职业成功打下基础。主要可从以下几个方面入手。

第一节　增强员工组织支持感

根据"社会交换理论"，组织可以为个体提供职业指导、提供职业发展的信息、创造有利于工作的环境等帮助个体获得职业成功。对于铁路技能人才来说，组织通过提高技能人才的工作满意度、职业满意度以及帮助其实现工作—家庭的平衡从而使其获得职业成功。同时，技能人才在获得职业成功的过程中，会努力工作，回报组织，带来更高的组织绩效，有利于组织的持续发展，最终达到个人与组织的"双赢"。

一、提高技能人才的工作满意度

为了提高技能人才的工作满意度，组织可以为其提供有挑战性的工作，使其技能和才华得以更好的发挥，为其提供公平合理的薪酬待遇，在与同站段、外局同工种比较时，能够满足他们的薪资期望，从而提高他们的工作满意度；另外，技能人才很重视工作环境的优劣，组织要为其提供支持性的工作环境，对其进行必要的技能培训，使之有条件和能力胜任工作，为技能人才提供合理广阔的晋升空间和机会，重视技能人才职业生涯发展平台的建，在技能人才工作表现出色时能给予肯定和褒奖等。以上这些方法都能够从一定程度上帮助技能人才获得较高的工作满意度。另外，组织要为技能人才搭建沟通平台，促进技能人才间建立融洽的关系。

二、增强技能人才的职业满意度

增强技能人才的职业满意度首先要逐步打开技能人才的职业发展通道，打通经营管理人员、专业技术人员、职业技能人员的职业发展通道，使之相互联系，相互渗透。技能人才的逐步进阶和晋升需要建立严密的技术等级认定机制，有的技能人才在取得一定的技术等级之后就停滞不前，这与目前的工作要求有密切联系，一来没有前进的动力，二来职业发展受限。建立"三驾马车"（经营管理人员、专业技术人员和职业技能人员）齐头并进的职业发展路径需要有大量的技能人才做基层保障，晋升至中层的技能人才可以在经营管理或专业技术岗位上进行转换，提高技能人才的职业满意度。

另外增强铁路技能人才的职业满意度要对技能人才的价值观予以肯定。用人不疑，疑人不用，企业为技能人才提供职业机会是对他们个人价值的一种肯定，这种肯定应该在技能人才入职后继续保持。对技能人才个人价值的肯定，能够促使技能人才感怀组织的赏识，激发其心理因素中积极的部分，使技能人才意识到自己对组织的重要性，能够有效降低技能人才的离职率，提高生产率，进而促使其获得职业成功（朱明，2013）。

三、帮助其实现工作—家庭平衡

铁路企业应该要关心技能人才的生活状况、家庭情况，帮助技能人才认识和正确处理家庭与工作间的关系，调和职业和家庭之间的矛盾，缓解由于过多过重的工作而给技能人才的家庭生活造成压力。例如，铁路技能人才因为工作性质，常需要远距离通勤，甚至去外地驻勤，组织应根据实际情况，以临近原则安排技能人才的通勤地点，尽量为技能人才解决通勤问题，调和工作与家庭的矛盾。在技能人才的私人生活出现困难时及时进行慰问和给予一定的帮助；谅解技能人才因私人的突发原因而造成的缺勤等。对技能人才个人利益的关切，能够使他们感受到组织的关怀和尊重，满足技能人才特有的心理需求，从而促使他们给予组织更加积极的回馈，为工作付出更多热情。

第二节 技能人才职业管理体制机制建设

一、深化人才培养机制

组织通过深化人才培养机制来提升技能人才的职业胜任力以及自我效能感。要尽量为技能人才创造环境和条件，使其职业胜任力和自我效能感在工作过程中获得较大提升，以促进其职业成功。

在提升职业胜任力方面，要将对技能人才的组织支持融入技能人才的整个培养过程中，贯穿选拔、培训、考评、晋升等各环节，有侧重的、有导向性的鼓励技能人才不断磨炼适合职业发展的个性特征，组织也要对技能人才的管理形式及组织制度进行改革，如建立分权授权制度、设计相应的职业生涯管理计划等，以鼓励技能人才积极参与组织活动，强化主动行为。

同时，不仅要注重对技能人才知识和技能的培训，也要注重对技能人才职业认同感的培养。传统的技能培训重视专业知识的学习和操作技能的训练，而忽略了职业态度、职业理想等方面的培养。根据态度形成理论，树立技能人才正确的职业态度需要经历三个阶段：顺从、认同和内化。职业认同感的培养不是一蹴而就的，也不是单单通过短期培训就可以实现的，技能人才的职业认同感培养是一个循序渐进的过程，是从技能人员开始上岗时就逐步形成的，因此，对于技能人才职业认同感的培养也要从上而下、从始至终地贯穿起来。顺从阶段，从技能人才学习职业理论和知识开始，组织可以为技能人才的职业理想构建提供指导；而接受操作实践的过程就是对职业的认同过程，这个阶段会经历对现实的认识和理解，更需要组织的介入和辅导，技能人才本人宜多与其他人进行交流，使其详细了解自身的职业，并且初步认同；内化阶段要在长时间的工作过程中完成，组织要多的创造技能人才体验成功的机会，使其感受到自身职业带来的荣耀感和优越感，并且得到组织其他成员的认可和赞赏，这样就可以进一步的强化其对职业的认同。

在提高技能人才自我效能感方面，组织要对技能人才如何对自身行为能力进行评估展开培训，通过提供有关信息让技能人才看到自身的进步，从而产生较高的自我效能感。有许多方法可以让铁路技能人才产生自我效能感。例如，可以把一个复杂的任务分解成若干部分，让技能人才能够通过自己的努力完成任务，这使技能人才更频繁地体验"小成功"，从而帮助他们增强自我效能感。这些简单的任务和技能会被逐步整合成为更大、更复杂的整体，使得技能人才在每一步都有练习和掌握技能的机会。此外，还可以为技能人才创造"能够熟练掌握经验和技能"的经历，有意为他们提供成功可能性较大的情境中，这样他们就会有更多机会来体验成功，通过不断的成功来提高他们的自我效能感。

二、健全培训管理机制

铁路技能人才的培训内容主要为岗前资格性培训和在岗职业适应性培训，在培训形式上，除采用团体授课、模拟实践等方式外，保留并优化"师带徒"制度，在今天来看，"师带徒"帮助技能人才拓展了人际关系圈，导师通过组织活动，促进了成员内部网络的沟通和交流。另外，现实工作中的导师已然分为两类：正式导师和非正式导师。正式导师经企业安排，有清晰的指导目标，更加集中与培养技能人员的岗位胜任力。而非正式的导师则源于领导—成员交换理论所提到的，企业中的领导者会与一定的下属形成"圈内人"与"圈外人"的关系，形成非正式的导师关系，这种关系对技能人员的职业发展影响更为深刻，因为它更侧重于价值观和职业发展的指导和建议。无论是正式导师还是非正式导师都可以对技能人员提供职业发展的支持，经验丰富的导师通过言传身教，使技能人员获取某项技能或某领域的内隐知识并提高其综合素质。与此同时，为技能人员提供职业方面指导，帮助其了解企业的文化，给予他们更多积极的主观感受，从而帮助其职业获得发展。如南昌铁路局开展劳模先进"一帮一师带徒"活动，一改定向思维，将师带徒分为入门型、操作型和成才型3个阶段。青年职工刚到基层一线属入门型，由车间为青工安排师傅，帮助其具备独立从事岗位工作的技能，取得规定的职业资格证书。随后，青工视自身发展需要，分操作型和成才型两个方向，可主动拜师，毛遂自荐，实行阶梯式培养。

同时，在具体的培训实践中，还要注重提升技能人才培训的积极性，变被动培训为主动培训，注重对基层技能人才的培训，开发相应的培训机制。如广州铁路（集团）公司抓住"职业生涯规划、实践平台历练、激励政策设计"三要素，在培训中实施了"双万计划"。即培养万名大学毕业生班组长、万名大学生双师（工程师/技师）型人才，万名生产车间班组长及后备管理人才、万名生产一线需要的实用型技术技能人才；同时建立了一线见习、一线定职、一线蹲苗、一线培养、一线选拔的有机衔接链，构筑基础性人才的资源基地，真正在一线集聚人才，实现企业和个人成长"双赢"。

三、完善技能鉴定机制

首先，从技能人才开发角度，一方面是要为技能人才提供良好的工作环境。要想使人才创造最大价值，就要为技能人才提供工作所需要的各种支持，包括相应的培训、生产设备、其他部门的配合等。这样，技能人才的工作才能得心应手，保持较高的工作效率，为企业带来更大的效益。另一方面是激励，以激发职工学习内动力为目的，用机制引导职工自觉主动地学习提高，引导、鼓励技能人才进行科技创新，使技能人才素质在技术攻关中有所提高，在实践中不断增长才干，使人才增值。

其次，要依据国家职业标准，按照职业技能社会化考评方式确定相应的理论知识和技能鉴定内容。结合岗位实际要求，采用现场技能考核与日常工作评定相结合的办法，将考核过程贯穿到生产（经营）活动的各个环节中，与技能人才的岗位职责和任务相对应。理论考试可结合岗位实际，采取定期统一考试；操作技能考核可采取现场作业评定法。对已建立题库的职业（工种），可根据生产（经营）实际情况，对题库中的试题内容进行调整，使其更符合岗位实际和高铁的发展需求。

最后，开展以赛促练、赛练结合活动。技能竞赛是强化技能培养的有效手段，通过竞赛调动职工的积极性，激发技能人才的潜能。通过开展各种形式的职业技能竞赛和岗位练兵、技术比武和技术攻关、技术创新等活动，来发现和选拔企业急需的技术技能带头人。对在各类竞赛中获得优秀名次的选手，可按铁路有关规定直接晋升技术等级或破格申报技师、高级技师考评。

四、坚持评聘结合机制

组织要不断推进考评与聘用的同步性，坚持评聘结合、人才使用与培养结合，做到按岗选配、周期聘任、动态考核、易岗易薪，努力创造优秀杰出技能人才脱颖而出的良好环境，实现关键技术重大突破。对于铁路技能人才的考评，更应该侧重于对参评人员日常工作实绩和岗位作用发挥的考核，而不是侧重于对参评人员硬件条件的考核。对于聘用制度，要逐步完善，改革聘用方式，如缩短聘期，解决定额与聘用之间的矛盾，消除好评难聘的"瓶颈"。

同时，在技能人才入职开始，逐步把技能人才向更高技能等级方向上引导。在职业萌芽阶段，通过强化入职教育和见习培养，促使技能人才加速了解适应职场环境，认知认同组织文化；在职业塑造阶段，促进技能人才积累经验、提升技能、磨炼意志，加速成长为生产一线的生力军；在职业发展阶段，通过竞争性选拔配置和差异化定向培养，促进技能人才加速成长为技能人才队伍中的骨干。

五、规范职业生涯管理机制

组织要规范技能人才的职业生涯管理，进而加快技能人才的职业成功。铁路企业要运用在岗培训、脱岗培训、基层实习、轮岗锻炼、工作交流等多种形式对技能人才进行开发，以系统提高技能人才的能力素质。为不同类型的技能人才提供职业生涯规划，提高组织对技能人才的支持，帮助技能人才实现自我职业生涯的管理。此外，企业应该建立基于职业胜任力的技能人才职业生涯管理系统，以促进技能人才的职业发展。建立有效运行的职业生涯管理体系，需要在做好企业文化、培训体系、人力资源管理规划、工作分析等配套制度的建设后，通过一个具体复杂的过程，即在组织中制定与技能人才职业生涯整体规划相适应的职业发展规划。企业建立基于职业胜任力的职业生涯管理系统主要包括四个基本步骤（娄芸，2005）。

步骤一：技能人才自我分析。

职业生涯自我评定。基于职业胜任力，为技能人才的职业生涯规划提供清晰的行为指引，对技能人才的能力、兴趣、气质、性格等进行评估。在这个环节中，要确定技能人才的职业倾向和职业锚，运用行为锚定等级方法将技能人才的自身胜任力水平与不同职位的职业胜任力要求相比较，找出技能人才高水平的职业胜任力和低水平的职业胜任力，确认决定技能人才职业发展所需的关键职业胜任力，及其职业发展的潜力和发展的方向。

职业生涯阶段分析。每个人的职业生涯发展都要经过几个阶段，要依据阶段调整技能人才的知识水平、职业偏好，并以此作为职业生涯规划的参考。

职业生涯机会分析。技能人才可仔细分析自己的技术、能力、职业喜好，仔细评估自己所感兴趣的、不同职业道路的机会和威胁所在，对职业发展机会做出客观的评价。

步骤二：确立职业生涯发展目标。

组织对技能人才的评估。重点评估技能人才关键的职业胜任力与目标职位的职业胜任力要求是否匹配，即技能人才的职业胜任力等级是否达到目标职位的要求。组织对技能人才的评估应根据其个性特征、教育背景、工作经历、工作绩效以及发展需要等职业素质资料，并且根据技能人才的工作表现，初步确立技能人才下一步职业发展的目标职位。

制定职业生涯目标。技能人才可根据组织对其做出的评价、提出的建议，制定职业生涯目标。

步骤三：职业生涯发展路径。

在上一步骤的基础上，设计和实施职业胜任力的培训方案，进行培训效果的检验，达到要求则将技能人才安置到目标职位。基于职业胜任力的"人—职—组织"的配置，形成基于职业胜任力的职业生涯路径。

步骤四：职业生涯实施管理。

职业生涯考核。结合技能人才的绩效考核进行，包括对其所处团队的职业生涯考核以及绩效考核。

职业生涯诊断。经过对技能人才的职业生涯考核后，组织应将结果及时有效地反馈给他们，并分析出现的问题，指出其与目标职业生涯模式的差距。职业生涯诊断能够帮助技能人才进一步了解自己，进一步分析内外环境，有利于组织对症下药解决问题，支持技能人才的职业发展。

职业生涯修订。如果遇到不适应的情况，组织要给技能人才提供修改职业生涯计划的机会，以使技能人才选择新的发展道路。

提供培训机会。任何技能人才由于晋升、工作轮换、工作扩展的需要，都要进行相应知识、技能的培训。对于在职业生涯诊断中出现问题的技能人才，组织应对其进行新技能、价值观等支持性的培训，缩小技能人才与职业目标之间的距离。因此，从职业发展的角度来说，制订一个与职业生涯计划相配套的培训计划是技能人才获取职业成功的重要支撑。

本 书 结 论

本书的主要研究结论如下：

第一，以铁路技能人才为例，在访谈、问卷调查的基础上，以696份铁路技能人才为样本，通过探索性因素分析和验证性因素分析建立了技能人才职业胜任力的三维结构模型，一阶分析得出包括职业认同、寻求职业反馈、职业探索、外部关系网络、内部关系网络、主动性人格和经验的开放性，二阶分析得出技能人才职业胜任力结构包括 knowing-why、knowing-how 和 knowing-whom 三个维度。

第二，分析了不同人口统计学变量对职业胜任力、职业成功的影响，得出：knowing-why 与 knowing-how 在未婚与已婚组的被试中具有显著的差异，knowing-whom 并无显著差异；knowing-why 维度在不同年龄组中具有显著的差异而 knowing-how 与 knowing-whom 维度不具有显著的差异；不同学历的技能人才职业胜任力三个维度均具有显著性差异。在职业成功方面，主观职业成功与客观职业成功在不同婚姻状况下具有显著性差异，就不同年龄而言，主观和客观职业成功不存在显著差异，就不同学历而言，主观和客观职业成功也不存在显著差异。

第三，通过文献统计、扎根理论和问卷调查得出了技能人才职业成功评价指标分为主观职业成功和客观职业成功，这与国内外较多学者的研究相一致，但在具体的评价指标方面，主观职业成功包括职业满意度、工作满意度以及工作—家庭平衡三个方面，客观职业成功包括物资报酬和技术等级两个方面，创新性地得出了技能人才的职业成功评价指标。

第四，技能人才职业胜任力三个维度与主观职业成功和客观职业成功均存在正相关关系，并且对主观职业成功和客观职业成功具有显著的预测作用。在没有考虑组织支持感和自我效能感作为中间变量的影响下，直接对铁路技能人才职业胜任力与职业成功所具有的相关关系进行了研究，得出了有关技能人才职业胜任力对职业成功关系的总体假设，以及技能人才职业胜任力对客观和主观职业成功的分假设全部成立。说明自变量"职业胜任力"和因变量"职业成功"关系成立，即铁路技能人才职业胜任力对职业成功，包括主观方面和客观方面均有很好的预测性。这表明技能人才越是具有良好的职业胜任力越容易获得职业成功，包括技术等级的提升、物资报酬的增加、职业满意度和工作满意度的提高和工作—家庭的平衡。

第五，在技能人才职业胜任力对职业成功的影响机理方面，研究得出了技能人才组织支持感在职业胜任力与主观职业成功的关系中起调节作用，组织支持感水平越高，职业胜任力对主观职业成功的影响越显著，特别表现在 knowing-why 和 knowing-whom 两个维度上；而技能人才组织支持感在职业胜任力与客观职业成功的关系中没有起调节作用。同时得出，自我效能感在技能人才职业胜任力与主观职业成功和客观职业成功关系之间都发挥部分中介作用。

第六，根据上述研究结论，设计了技能人才职业成功管理的策略，从组织层面和个人层面对技能人才的职业生涯管理提出了针对性的建议和意见。

研究虽然取得了一些有价值的结论，但限于本人的研究能力和条件，仍然存在诸多的局限和不足，需要在以后的研究中逐步克服和完善，主要表现在：一是样本的选取上存在便利性抽样问题。铁路技能人才的数量和种类较多，但限于时间和条件的限制，本次只选取了部分技能人才，虽然兼顾了不同地区的铁路局，凭借团队和个人社会资源的可利用性，采取了便利性抽样，尽管在调查问卷发放过程中尽可能考虑分层随机抽样原则，但仍然存在不足。二是有关控制变量未能考虑，有些额外的变量也可能会影响职业成功。本研究原本想选取铁路局尽可能多的高技能人才为样本，但收集较为困难，数量太少，所以只是总体上就提出的职业胜任力对职业成功的影响进行了探索，达到了研究的初步目标，未来的研究期待尝试纳入其他可能的变量并加以完善。三是未能考虑其他中间变量在职业胜任力和职业成功的关系中起到的影响作用。本研究通过理论推演提出了组织支持感调节作用和自我效能感中介作用的假设，并得到了实证检验，得到了有益的结论。但技能人职业胜任力与职业成功关系中是否还受到其他变量的影响，如被中介的调节作用和被调节的中介作用，本书并没有探讨，未来的研究期待尝试纳入其他可能的变量并加以完善。

为了进一步完善本研究的设计，提升本研究结论的有效性，在研究条件许可的情况下，采取历时性的跨期研究方法，对特定样本群体进行长期跟踪研究，以检验技能人才职业胜任力对职业成功影响的实际效果；同时，探讨技能人才职业胜任力在职业生涯各个阶段的作用。本研究主要集中于探讨职业胜任力对职业成功的影响，事实上，职业胜任力可能在个人职业生涯发展的各个阶段都会起到特定的作用，未来的研究可以深入更具体的方面，如职业探索阶段、职业转化阶段、职业成熟阶段、职业高原阶段等。在不同的职业发展阶段，职业胜任力的具体作用机制和表现形式可能会有所不同。此外，在对技能人才职业胜任力和职业成功评价指标研究的基础上，进一步修正和完善相关概念的测度量表，特别是职业胜任力的测度量表，在今后的研究中，以现有量表为基础，再次系统地梳理相关文献，特别是心理学和复杂性科学的学科前沿文献，结合专家咨询和探测性调研，对测度量表进行完善。

总之，本书所涉及的许多变量及其相互关系都是极为抽象复杂的，各变量及其相互关系的定量研究将是一项艰巨和复杂的工作，因此，期待在今后的研究工作中不断进行理论积累和创新突破，以求日臻完善。

参 考 文 献

[1] 咸桂彩，袁良栋．技能人才"热"的冷思考 [J]．职教论坛，2012 (6)：31 – 33.

[2] 王鉴忠，宋君卿．成长心智模式与职业生涯成功研究 [J]．外国经济与管理，2008，30 (6)：59 – 65.

[3] 王鉴忠．成长型心智模式对职业生涯成功影响的实证研究 [D]．南开大学，2009.

[4] 凌文辁，杨海军，方俐洛．企业员工的组织支持感 [J]．心理学报，2006，38 (2)：281 – 287.

[5] 邵芳，樊耘．基于人力资源管理的双视角组织支持模型构建 [J]．软科学，2013，27 (7)：109 – 114.

[6] 陆昌勤，凌文辁，方俐洛．管理行为的复杂性——管理者的核心工作任务分析 [J]．中国管理科学，2000 (1).

[7] 余琛．知识型人才的职业胜任力及其与职业成功之间的关系 [J]．中国人才，2012，4：275 – 276.

[8] 陈万思．纵向式职业生涯发展与发展性胜任力——基于企业人力资源管理人的实证研究 [J]．南开管理评论，2005，8 (6)：17 – 23.

[9] 宋君卿，王鉴忠．职业生涯管理理论历史演进和发展趋势 [J]．生产力研究，2008，23：129 – 131.

[10] 刘宁．社会网络对企业管理人员职业生涯成功影响的实证研究 [J]．南开管理评论，2007 (6)：69 – 77.

[11] 冯明，王跃节. 管理者胜任特征结构的影响因素分析 [J]. 科学学与科学技，2007，28（2）：142-147.

[12] 杜娟. 管理者胜任特征的构成及影响因素分析 [J]. 上海管理科学，2010，32（1）：27-31.

[13] 张敬德，张国梁，侯二秀. 职业成功与个体人力资本：测度和关系 [J]. 现代管理学，2012，6：91-95.

[14] 王运宏. 浅析高技能人才的成长特征 [J]，人才资源开发，2010.

[15] 王君历. 铁路技能人才培训模式研究 [D]，北京交通大学，2007.

[16] 毛晋平，文芳. 主动性人格：概念，测量及其相关研究 [J]. 湖南师范大学教育科学学报，2012，11（2）：106-109.

[17] 况扶华，谢东杰，王利刚，范晓兰，高文斌. 铁路青年工人职业认同感现状及其对幸福感的预测作用 [J]. 中华行为医学与脑科学杂志，2014，3：254-257.

[18] 罗青兰，孙乃纪，于桂兰. 基于文献分析法的女性高层次人才职业成功影响因素研究 [J]. 经济经纬，2014，31（2）：97-101.

[19] 刘宁，刘晓阳. 企业管理人员职业生涯成功的评价标准研究 [J]. 经济经纬，2008，5：75-78.

[20] 周文霞，孙健敏. 中国情境下职业成功观的内容与结构 [J]. 中国人民大学学报，2010，3：124-133.

[21] 龙书芹. 职业成功测量：主客观指标的整合及实证研究 [J]. 华中师范大学学报（人文社会科学版），2010，49（4）：52-57.

[22] 翁清雄，席酉民. 企业员工职业成长研究：量表编制和效度检验 [J]. 管理评论，2011，23（10）：132-143.

[23] 刘华芹，黄茜，古继宝. 无边界职业生涯时代员工心理因素对职业成功的影响——自我职业生涯管理的中介作用 [J]. 大连理工大学学报（社会科学版），2013，34（1）：30-35.

[24] 高婧，吴晶晶. 政治技能对职业成功的影响：职场友谊的中介作用 [J]. 云南民族大学学报（哲学社会科学版），2013，30（6）：150 - 155.

[25] 王忠军，龙立荣. 西方职业成功研究现状及展望 [J]. 经济管理，2007，29（13）：86 - 91.

[26] 周小虎，刘冰洁，吴雪娜，贾苗苗. 员工导师网络对员工职业生涯成功的影响研究 [J]. 管理学报，2009，6（11）：1486 - 1491.

[27] 张娜. 自我效能感、组织支持感对职业成功的影响研究——领导 - 成员交换关系的调节作用 [D]. 浙江：浙江工商大学，2013.

[28] 周文霞. 职业成功：从概念到实践 [M]. 上海：复旦大学出版社，2006.

[29] 林崇德，申继亮，辛涛. 教师素质的构成及其培养途径 [J]. 中国教育学刊，1996，6：16 - 22.

[30] 郑晓霞. 职业胜任力与职业成功，组织认同的关系研究 [D]. 浙江工商大学，2011.

[31] 吴明隆，涂金堂. SPSS 与统计应用分析 [M]. 2 版. 台湾：五南出版社，2010：24.

[32] Zhang W. Y. , Lei X. Y. , Wang Z. L. et al. Robust photonic band gap from tunable scatterers [J]. Physical review letters，2000，84（13）：2853.

[33] Driver, M. J. Career concept and career management in organalizafions [M]. InC J. Cooper（ed），Behavioral problems in organizations. Englewood Cliffs, New Jersey：Prentice-Hall，1979.

[34] Schein E. H. , Schein E. Career dynamics：Matching individual and organizational needs [M]. Reading, MA：Addison-Wesley，1979.

[35] Hall D. T. The protean career：A quarter-century journey [J]. Journal of vocational behavior，2004，65（1）：1 - 13.

[36] Hall D. T. Careers in and out of organizations [M]. Sage，2003.

［37］ Arthur M. B. The boundaryless career: A new perspective for organizational inquiry ［J］. Journal of organizational Behavior, 1994, 15 (4): 295 - 306.

［38］ Arthur B. E. , Rousseau D. M. The boandaryless career as a new employment principl ［M］. New York: Oxford University Press, 1996.

［39］ Littleton S. M. , Arthur M. B. , Rousseau D. M. The future of boundaryless careers ［J］. The future of career, 2000, 101 - 114.

［40］ Kong H. An exploratory study of employees' career competencies in China's lodging industry ［C］ //Proceedings of 2010 International Conference on Construction and Real Estate Management. 2010, 3: 1348 - 1351.

［41］ Kong H. , Cheung C. , Song H. From hotel career management to employees' career satisfaction: The mediating effect of career competency ［J］. International Journal of Hospitality Management, 2012, 31 (1): 76 - 85.

［42］ Storey, J. A. Fracture line in the career environment. In A. Collin & R. A. Young (Eds). The future of career ［M］. Cambridge University Press, 2000.

［43］ Defillippi Robert J. , Arthur Michacl B. The boundaryless career: a competency-based perspective ［J］. Journal of Orgnizational Behavior, 1994, 15 (4): 307 - 324.

［44］ Eby L. T. , M. Butts, A. Lockwood. Predictors of success in the era of the boundaryless career, Journal of Orgnizational Behavior, 2003, 24.

［45］ Jan Francis-Smythe, Sandra Haase, Erica Thomas & Catherine Steele. Development and Validation of the Career Competencies Indicator ［J］. Journal of Career Assessment, 2013 21 (2): 227 - 248.

［46］ Arthur M. B. , Khapova S. N. , Wilederom C. M. Career success in a boundaryless career world ［J］. Journal of Organizational Behavior, 2005, 26: 177 - 202.

［47］ Sullivan S. E. , Carden W. A. , Martin D. F. Careers in the next millennium: directions for future research [J]. Human Resource Management Review, 1998, 8 (2): 165 – 185.

[48] Sullivan, S. E. , Arthur, M. The evolution of the boundaryless career concept: examining physical and psychological mobility [J]. Journal of Vocational Behavior, 2006, 69: 19 – 29.

[49] Tu, H. S. , Forret, M. L. & Sullivan, S. E. Careers in a non-Western context: An exploratory empirical investigation of factors related to the career success of Chinese managers [J]. Career Development International, 2006, 11: 580 – 593.

[50] Kuijpers M. A. C. T. Career Competencies for Career Success [J]. The Career Development Quarterly. 2006, 55 (2): 168 – 179.

[51] Super, Donald E. A theory of vocational development [J]. American Psychologist, 1953, 8 (5), 185 – 190.

[52] Greenhaus, Jeffrey H. , Bedeian, Arthur G. , Mossholder, Kevin W. Work experiences, job performance, and feelings of personal and family well-being [J]. Journal of Vocational Behavior, 1987, 31 (2): 200 – 215.

[53] Schein E. H. Save Cite This Email Career dynamics; matching individual and organizational needs [M]. Reading [etc.]: Addison-Wesley, 1978.

[54] Haase, S. "Applying Career Competencies in Career Management" [D]. A thesis submitted in partial fulfilment of the University of Coventry's requirements for the degree of Doctor of Philosophy, Coventry University in collaboration with the University of Worcester, 2007.

[55] Malikeh Beheshtifar. Role of Career Competencies in Organizations [J]. European Journal of Economics, Finance and Administrative Sciences, 2011, 42: 6 – 13.

[56] Gould, S. Characteristics of career planners in upwardly mobile occupations [J]. The Academy of Management Journal, 1979, 22 (3): 539 –

550.

[57] Uzoamaka, P. A. , Hall, J. C. & Schor, S. M. Knowledge-related skills and effective career management [J]. International Journal of Manpower, 2000, 21 (7): 566 – 576.

[58] Craig, S. Using competencies in career development. In R. Boam, & P. Sparrow [M] (Eds.), Designing and achieving competency: Competency-based approach to developing people and organizations. Berkshire, England: McGraw-Hill, 1992, 111 – 127.

[59] D. A. Olson, K. S. Shultz. Employability and Career Success: The Need for Comprehensive Definitions of Career Success, Industrial and Organizational Psychology, 2013, 6: 17 – 28.

[60] McLagan, Partricia A. Competence: the Next Generation [J]. Training and Development, 1997, (5): 40 – 47.

[61] David C. McClelland. Testing for competence rather than for intelligence [J]. American Psychologist, 1973, 28: 1 – 14.

[62] Spencer L. M. , Spencer S. M. Competence at Work: Models for Superior Performance [M]. New York, U. S. A: John Wiley & Sons, Incorporated, 1993, 222 – 226.

[63] Prahalad, C. K. & G. Hamel. The Core Competence of the Corporation [J]. Harvard Business Review, 1990, 79 – 91.

[64] Hamel, Gary & C. K. Prahalad. Competing for the Future [M]. Boston: Harvard Business School Press, 1994.

[65] David Ulrich. Human resource champions: the next agenda for adding value and delivering results [M]. Boston: Harvard Business School Press, 1997.

[66] Eisenberger, R. , Huntington, R. , Hutchison, S. & Sowa, D. Perceived organizational support [J]. Journal of Applied Psychology. , 1986, 71 (3): 500 – 507.

[67] Hackett, G. , Betz, N. E. & Doty, M. S. The development of a taxonomy of career competencies for professional women [J]. Sex Roles, 1985, 12 (3): 393 – 409.

[68] Richard Hall. The Strategic Analysis of Intangible Resources [J]. Strategic Management Journal, 1992, 13: 135 – 144.

[69] Arthur, M. B. , Inkson, K. & Pringle, J. K. The new careers: Individual action and economic change [M]. London: SAGE, 1999.

[70] Jones, C. & Bergmann Lichtenstein, B. M. The "architecture" of careers: How career competencies reveal firm dominant logic in professional services [M]. In M. A. Peiperl, M. B. Arthur, R. Goffee, & T. Morris (Eds.), Career frontiers: New conceptions of working lives. Oxford, England: Oxford University Press, 2000, 153 – 176.

[71] Gunz, H. P. , Heslin, P. A. Reconceptualizing career success [J]. Journal of Organizational Behavior, 2005, 26: 105 – 111.

[72] Aurora Chen, Noeleen Doherty, Susan Vinnicombe. Developing women's career competencies through an EMBA [J]. Gender in Management: An International Journal, 2012, 27 (4): 232 – 248.

[73] Yao-Fen Wang, Chen-Tsang (Simon) Tsai. Analysis of career competency of food and beverage managers in international tourist hotels in Taiwan [J]. International Journal of Hospitality Management, 2012, 31: 612 – 616.

[74] London M. Relationships between career empowerment, and support for career Development [J]. Journal of Occupational and Organizational Psychology, 1993, 66.

[75] Banai, M. , Harry, W. Boundaryless global careers: the international itinerants [J]. International Studies of Management and Organization, 2004, 34 (3): 96 – 120.

[76] London M. , Stumpf S. A. Managing careers [M]. Reading, MA: Addison-Wsley, 1982.

[77] Super, Donald E. The psychology of careers: an introduction to vocational development [M]. New York: Harper, 1957.

[78] Hughes, E. C. Institutional office and the person [J]. American journal of Sociology, 1 937, 43: 404 – 413.

[79] Greenhaus J. H. , Parasuraman S, Wormley W. M. Effects of race on organizational experiences, job-performance evaluation, and career outcomes [J]. Academy of Management Journal, 1990, 33 (1): 64 – 86.

[80] Timothy A. , Judge et al. The relationship between pay and job satisfaction: A meta-analysis of the literature [J]. Journal of Vocational Behavior, 2010, 77: 157 – 167.

[81] Stephen A. Stumpf, Walter G. Tymon Jr. The effects of objective career success on subsequent subjective career success [J]. Journal of Vocational Behavior, 2012, 81: 345 – 353.

[82] NG T. W. , Eby L. T. , Sorensen K. L. et al. Predictors of Objective and Subjective Career Success: A meta-analysis [J]. Personnel Psychology, 2005, 58 (2): 367 – 408.

[83] Thomas W. H. , Eby L. T. , Soren K. L. et al. Predietiors of objective and subjective career success: a meta-analysis [J]. Personnel Psychology, 2005, 58: 367 – 408.

[84] Lertwannawit, Aurathai, Serirat, Sirivan, Pholpantin, Siroj. Career Competencies And Career Success of Thai Employees In Tourism And Hospitality Sector [J]. The International Business & Economics Research Journal, 2009, 11 (8): 65 – 72.

[85] Sidika N. Colakoglu. The impact of career boundarylessness on subjective career success: The role of career competencies, career autonomy, and career insecurity [J]. Journal of Vocational Behavior, 2011, 79: 47 – 59.

[86] Chen Yu. Career Success and Its Predictors: Comparing between Canadian and Chinese [J]. International Journal of Business and Management,

2012, 14 (7): 88 – 96.

[87] Wolff, Hans-Georg, Moser, Klaus. Effects of Networking on Career Success: A Longitudinal Study [J]. Journal of Applied Psychology, 2009, 94 (1): 196 – 206.

[88] Zafar, Junaid and Mat, Norazuwa Bint. Protean Career Attitude, Competency Development and Career Success: A Mediating Effect of Perceived Employability [J]. International Journal of Academic Research in Business and Social Sciences, 2012, 2: 204 – 223.

[89] Kanten P. The effect of cultural intelligence on career competencies and customer-oriented service behaviors/Kültürel zekanin kariyer yetkinlikleri ve müsteri odakli hizmet davranislari üzerindeki etkisi [J]. Istanbul üniversitesi Is-letme Fakültesi Dergisi. 2014; 43 (1): 100 – 119.

[90] Barry Bozeman and Mary K. Feeney. Mentoring and network ties [J]. Human relations (New York), 2008, 61 (12): 1651.

[91] J. Akkermans, V. Brenninkmeijer, M. Huibers, R. W. B. Blonk. Competencies for the Contemporary Career: Development and Preliminary Validation of the Career Competencies Questionnaire [J]. Journal of Career Development, 2012, 40 (3): 245 – 267.

[92] Wang, M., Olson, D. A. & Shultz, K. S. Mid and late career issues: An integrative perspective [M]. New York, NY: Routledge Academic Press, 2013.

[93] Nigel Nicholson & Wendy de Waa-l Andrews. Playing to win: Biological imperative, self-regulation, and trade-offs in the game of career success [J]. Journal of Organizational Behavior, 2005, 26 (2): 137 – 154.

[94] Sarah Pachulicz, Neal Schmitt, Goran Kuljanin. A model of career success: A longitudinal study of mergency physicians [J]. Journal of Vocational Behavior, 2008, 73: 242 – 253.

[95] Marijke Verbruggen. Psychological mobility and career success in the

"New" career climate [J]. Journal of Vocational Behavior, 2012, 81: 289 –297.

[96] Arjan Vanden Born, Arjen Van Witteloostuijn. Drivers of freelance career success [J]. Journal of Organizational Behavior, 2013, 34: 24 – 46.

[97] Russo, Marcello. Work attitudes, career success and health: Evidence from China [J]. Journal of vocational behavior, 2014, 84 (3): 248.

[98] Pan, J. & Zhou, W. Can success lead to happiness? The moderators between career success and happiness [J]. Asia Pacific Journal of Human Resources, 2013, 51: 63 – 80.

[99] Zhou, W., Sun, J., Guan, Y., Li, Y. & Pan, J. Criteria of career success among Chinese employees: Developing a multidimensional scale with qualitative and quantitative approaches [J]. Journal of Career Assessment, 2012, 21: 265 – 277.

[100] Semadar, A., Robins, G., Ferris, G. R. Comparing the effects of multiple social effectiveness constructs on managerial performance [J]. Journal of Organizational Behavior, 2006, 27: 443 – 461.

[101] Todd, S. Y., Harris, K. J., Wheeler, A. R. Career success implications of political skill [J]. Journal of Social Psychology, 2009, 149.

[102] Ayres, H. Career development in tourism and leisure: an exploratory study of the influence of mobility and mentoring [J]. Journal of Hospitality & Tourism Management, 2006, 13 (2): 113 – 123.

[103] Murphy, S., Ensher, E. The role of mentoring support and self-management strategies on reported career outcomes [J]. Journal of Career Development, 2001, 27 (4): 229 – 246.

[104] Moss, J. A., Barbuto, J. E. Testing the relationship between interpersonal political skills, altruism, leadership success and effectiveness: a multilevel model [J]. Journal of Behavioral & Applied Management, 2010, 11 (2): 155 – 174.

[105] Seibert, S. E. & Kraimer, M. L. The Five-Factor Model of Personality and Career Success [J]. Journal of Vocational Behavior, 2001, 58: 1 - 21.

[106] Y. Wang. Constructing Career Competency Model of Hospitality Industry Employees for Career Success [J]. International Journal of Contemporary Hospitality Management, 2013, 25 (7): 994 - 1016.

[107] Armstrong-Stassen, M. , Ursel, N. D. Perceived organizational support, career satisfaction, and the retention of older workers [J]. Journal of Occupational and Organizational Psychology 2009, 82 (1): 201 - 220.

[108] Baruch, Y. Career development in organizations and beyond: balancing traditional and contemporary viewpoints [J]. Human Resource Management Review, 2006, 16 (2): 125 - 138.

[109] Schunk, Dale H. Participation in Goal Setting: Effects On Self-Efficacy and Skills of Learning-Disabled Children [J]. Journal of Special Education, 1985, 19 (3): 307 - 317.

[110] Pajares, Frank. Gender and Perceived Self-Efficacy in Self-Regulated Learning [J]. Theory into Practice, 2002, 41 (2): 116 - 125.

[111] Scott. Letter to the Editor [J]. Veterinary dermatology, 1999, 10 (2): 157.

[112] Sharon, Nathan. Carbohydrates as future anti-adhesion drugs for infectious diseases [J]. BBA - General Subjects, 2006, 1760 (4): 527 - 537.

[113] Steven H. Appelbaum. , Alan Hare. Self-efficacy as a mediator of goal setting and performance Some human resource applications [J]. Journal of Managerial Psychology, 1996, 11 (3): 33 - 47.

[114] Wheeler. Seligman: The Transformation of Wall Street [J]. Yale Law Journal, 1983, 93 (1): 188.

[115] Churchill, E. Richard, Churchill, Linda R. Daily math activity masters: copy masters [M]. J. Weston Walch, 1979.

[116] Gerard Saucier. Mini-Markers: A Brief Version of Goldberg's Unipolar Big-Five Markers, Journal of Personality Assessment, 1994, 63 (3): 506 –516.

[117] Mauer, T. J. , Tarulli, B. A. Investigation of perceived environment, perceived outcome, and person variables in relationship to voluntary development activity by employees [J]. Journal of Applied psychology, 1994, 79 (1): 3 –14.

[118] Kammeyer-Mueller, John D. Self – Esteem and Extrinsic Career Success: Test of a Dynamic Model [J]. Applied Psychology: An International Review, 2008, 57 (2): 204 –224.

[119] Kickul, Jill, Gundry, Lisa. Prospecting for Strategic Advantage: The Proactive Entrepreneurial Personality and Small Firm Innovation [J]. Journal of Small Business Management, 2002, 40, (2): 85 –97.

[120] R. R. McCrae, P. T. Costa Jr. "Toward a new generation of personality theories: Theoretical contexts for the five-factor model", The five factor model of personality [M]. New York: The Guilford Press, 1996.

[121] M. L. Kraimer, S. J. Wayne. An examination of perceived organizational support as a multidimensional construct in the context of an expatriate assignment [J]. Journal of Management, 2004, 30 (2): 209 –237.

附录一 技能人才职业成功半结构化访谈提纲

您好！很高兴您能接受我们的采访。在和您的谈话过程中我需要用到录音笔辅助记录，这份录音只用于我们回去校对和丰富访谈记录，录音内容绝对保密。如果中间有些地方您认为不方便录音，您随时可以要求我停止录音。请您放心，我的所有访谈内容只是要更多了解司机的工作现状，不与您的个人情况挂钩，这些访谈不会用于您的工作或者其他个人方面的评估。

在咱们谈话过程中，请尽量用您自己亲身经历和处理的事情来回答或者解释我的问题。中间我有听不清或听不懂的地方，还要向您请教！如果没有什么问题，我们就开始。

访谈问题：

（1）被访人的基本情况（婚姻状况、学历、技术等级、年龄、收入等）

（2）职业成功对于你来说重要不重要？技能人才职业成功取决于那些影响因素？你心目中职业成功的标准是什么？你认为怎样才算达到了职业成功？

（3）影响技能人才职业成功的职业胜任力因素有哪些？职业成功或失败的技能人才主要持有哪些职业胜任力或能力？

（4）你是如何认识和思考自身（铁路）职业发展和行业前景的？技能人才职业生涯发展顺境和逆境两种情况下，会持有怎样的自我效能感、自我感知？组织支持在技能人才职业发展中的地位和作用如何？

（5）你能举出一个你认为职业成功的人士来吗？你为什么认为他/她是成功的？等等。

附录二　技能人才职业成功访谈资料开放式编码分析

访谈资料（贴便签，定义现象）	概念化	范畴化
G1：我认为职业上的成功是首先是在工作中能够认真完成自己的任务，能得到领导和同事的认可，在单位受到尊重，有良好的人际关系，能够轻松完成领导分配的工作，在工作中心、愉悦。（a1）其次是希望在尽可能的条件下多点时间陪伴父母和家人，家人能够理解和支持我的工作，能协调好工作与家庭的关系。（a2）最后希望获得较高的工资收入，得到的报酬能提高家庭生活的质量，把子女培养好，把老人赡养好。（a3）	A1：获得领导的赏识以及同事的尊重和羡慕（a1/a6/a8/a16/a28/a29/a30/a37） A2：获得较高的工资收入（a3/a4/a7/a8/a9/a23/A24/a28/a29/a31/a39/a40） A3：工资收入与付出成正比（a6/a24/a29）	AA1：获得领导的赏识以及同事的尊重和羡慕（A1） AA2：通过努力付出，获得较高的工资报酬（A2/A3） AA3：通过不断学习掌握过硬的工作技能，获得较高的职称等级（A4/A19） AA4：平衡好家庭和工作之间的关系（A6/A18/A5）
G2：希望单位的效益好，有优质的产品，这样我也能够有较高的收入水平。（a4）希望通过自己的努力，拿到应得的较高的工资，能用个人的工资让家庭达到甚至超过小康水平，收入与付出成正比，提高生活标准。（a5）	A4：获得较高的职称等级（a14/a15/a22/a29） A5：工作得到家人的认可和支持（a2/a30）	
G3：希望在职业对应的专业技术等级上得到相对应的报酬，在单位成为工人和领导中受尊敬并且有一定能力的人，并通过自己的努力得到领导和职工的认可。（a6）同时获得的工资收入能让同行和其他岗位的人羡慕，有较高的自豪感。（a7）		
G4：我认为职业上的成功是工作环境清洁优良，并且稳定，而且单位的同事能够营造一个和谐的工作氛围，在此基础上，能获得丰厚的经济收入，并获得领导的赏识。（a8）	A6：安全健康、有更充分的休息时间陪伴家人（a10/a19/a21/a23/a28/a41）	
G5：我认为职业上的成功首先是自己在工作上要表现突出，扎实肯干，拥有良好的收入，保证家人的消费。（a9）其次，要劳逸结合，有合理的休息时间，在精力充沛工作的同时能够经常与家人一起活动，没有无缘无故的罚款，保证每年工龄假期按天数放够，保证能有时间做自己想做的事情。（a10）		

访谈资料（贴便签，定义现象）	概念化	范畴化
G6：我认为只有全面掌握自己的专业知识，做好最基本的工作，在工作中能运用的得心应手，完全能够胜任自己的岗位工作，不断积累经验，才算得上职业成功。（a11）作为一名客车乘务员，应该认真学习业务知识，按照程序标准化操作，与同事、领导、家庭关系和谐，掌握规章制度，对各线路了如指掌，努力完成每次的乘务工作，做好自己应尽的义务，爱岗敬业、保证安全，服务旅客，人人夸我服务好，为铁路事业做出贡献，就已经在本职工作上取得了成功。（a12）	A7：受到社会的认可，为从事本职业感到自豪，社会地位得到相应的提高（a7/a28/a30）	AA5：为所从事的职业感到自豪，社会地位得到提升（A7）
G7：我认为的职业成功是跟上技术更新的速度，不断学习进步，提高自身职业技能和自身素质，掌握最先进的技术，保证安全生产，成为本行业的佼佼者。（a13）在工作中，我认为要先有坚实的业务素质，积极向上的学习态度，并且不断提高自我的综合素质，并希望自己能够不断进取取得更高的专业职称，并把掌握的技能用到工作中，并不断提高，争做排头兵。（a14）	A8：掌握过硬的工作技能和业务素质，工作起来得心应手，成为单位的技术能手（a11/a13/a15/a16/a17/a22/a26/a28/a30/a32/a37）	AA6：获得晋升的机会（A12） AA7：能够凭借精湛的技术解决各种疑难杂种，独当一面，成为单位的骨干力量和标杆（A8/A9）
G8：作为一名工人，我认为职业上的成功是能够掌握一流的先进机车的操作和作业流程，出色的完成一整套作业程序，有着过硬的技术业务，取得较高的专业职称，在本职工作中取得突出的成绩。（a15）在工作中面对突发情况，能够从容处理，轻松应付各种各样的困难，成为段内技术能手，获得领导、同事的认可与好评。（a16）	A9：能够从容的面对和处理工作中的各种突发状况和困难，成为所在岗位的榜样（a16） A10：熟悉业务操作流程，能够平稳、顺利、安全的完成本职工作（a12/a17/a31/a38/a39）	AA8：能够顺利、安全的完成单位所交代的任务，做好自身的本职工作（A10） AA9：在所在的岗位取得突出的成绩（A11）
G9：作为一名机车乘务员，承受着巨大的责任和精神压力，应脚踏实地的工作，做到"旅客在我心中"，平稳操作，保证旅客的平稳，提高舒适度，保证行车和旅客的安全是机车乘务员首要的任务，安全地完成每次的乘务工作，不中断安全公里数，正点输送旅客，并保证在乘务生涯中不出事故，努力提高自己的技术水平，成为一名安全合格的司机。（a17）其次，是要带着责任心去工作，自己的一个小失误、一个小马虎会带来严重的后果，自己手中的锤子就是老百姓的生命和财产，要明白安全生产重如泰山，自己要为能保障其他人的安全而感到自豪，兢兢业业为旅客服务。（a18）最后，就是希望上班能够安安全全，下班后家庭和睦、充分享受生活，从事自己喜欢做的工作。在保证其他人安全的前提下，就是自己能够安全地完成生产工作。（a19）	A11：在所在岗位取得一定的业绩和成果（a9/a15/a26/a28） A12：获得晋升，成为一名管理者（a27/a28）	

访谈资料（贴便签，定义现象）	概念化	范畴化
G10：我觉得职业上的成功是要有一个完好的家庭，没有家的幸福就没有成功的说法。（a20）作为一名工人，要能养活好家人，用自身的努力为家人谋求更优质的物质生活，让他们过上幸福的生活，能为父母的生活加些费用。（a21）	A13：热爱自己所从事的工作，在工作中感到快乐和顺心（a1/a25/a33/a34） A14：自己所学的技能能够在工作中得到充分发挥（a14/a31） A15：工作稳定，工作压力较小（a24/a25/a39） A16：所在工作单位工作环境优良、工作氛围和谐（a8） A17：能够享受所在工作单位提供的良好福利待遇（a32/a39） A18：所在单位能够解决异地分居的通勤问题以及其他问题。（a23/a41） A19：通过不断的学习，使得自身的业务知识和业务素质得到较大的提升，跟上时代的步伐。（a22/a13） A20：工作之余，有充分的休息时间做自己想做的事（a10/a19）	AA10：热爱自己所从事的工作，在工作中感到快乐和顺心（A13） AA11：自己所学的技能能够在工作中得到充分发挥（A14） AA12：能够享受单位良好的工作环境和福利待遇（A16/A17） AA13：工作稳定，有自己可自由支配的时间，做自己想做的事（A15/A20） AA14：个人各方面综合能力得到提升（A21）
G11：希望能够通过自己的努力学习，跟上高科技步伐，成为一名合格的动车组司机，将来把握好工作上每一次机遇，努力学习业务知识，熟练掌握专业技能，取得更高的专业职称，开国家最先进的机型，在工人队伍中起到一定的模范带头作用。（a22）		
G12：除了经济上要达到一定的水平之外，希望能够达到标准的工作时间，家庭和谐不用与家人两地分离，在做好本职工作的前提下，能够兼顾到家庭，家庭和工作两不误，这才是真正的成功。（a23）		
G13：我心中的职业成功便是工作稳定，所在的团队和谐、阳光、凝聚力强，工作中能够得到相应对等的薪酬，在工作中不要有太大的压力，有充分的休息时间，尤其是不要有太多的精神压力，不能带着情绪工作，即使工作多一些也没关系，只要心情能好一些，就很满足。（a24）比如我平时要值夜班，精神压力非常的大，特别累，但是只要收入再多一些，让我生活上轻松一些，在能正常承受的辛苦范围之内，就很满足了。所以我认为最大的成功便是认可并乐于从事我现在的工作，在工作中游刃有余，不使自身产生过高的精神压力，不影响过多自己的时间。（a25）		
G14：自己应良好地完成自己的生产工作任务，身体健康、合理安排生活时间，努力学习技术，各种机型都会使用，在技术上拥有别人所不能及的能力，获得高级的专业技能职称。（a26）同时，具备一定的指导和领导能力，有一定的声誉和一定的技术成果。不断努力和好的机遇来进入单位管理层，达到一定的管理级别，成为一名优秀的管理者，有指挥和发言权，有更多的权力。（a27）		
G15：作为一名铁路从业者，要不断学习，并与实践结合，圆满完成每次的出乘任务，技术熟练，业务能力强，并借此达到晋升，收入增加，不断在自己的岗位上做出更大的成绩，受到别人的尊敬，使得事业和家庭都美满。（a28）		

续表

访谈资料（贴便签，定义现象）	概念化	范畴化
G16：希望自己在专业技术上能独当一面，取得高级的技能职称。（a29）各项工作都能得到肯定，和同事团结，得到家人的认可和支持，通过自己的付出，得到人们的理解和尊重，工作的辛苦付出能够得到相应的回报，社会地位与收入提高，单位领导同事重视，工作与家庭能够兼顾。总而言之，我认为的职业成功就是能够被社会认可。（a30）		
G17：我认为职业上的成功首先是尽自己最大的努力把工作做好，对自己负责，不断地学习提高自己的各方面物质生活水平，学有所用，将自己擅长的技能发挥在工作当中并体现自己的价值，成就自我，使自己满意，在工作中充分发挥自己的能力，为铁路事业做出更大的贡献，实现自己的价值，为自己的人生理想拼搏。（a31）		
G18：希望单位能建立良好的工资奖金福利制度，有良性的人才培养机制，能够有阶段性的培训，使得我的技能不断提升，不断进步，为铁路做贡献，并提供公平的竞争机会。（a32）	A21：个人综合能力的提升（a36）A22：为铁路事业发展贡献自己的力量（a32/a35）	AA15：为铁路事业发展贡献自己的力量（A22）
G19：虽然工作辛劳，但是要保持良好的心情，热爱这份来之不易的工作，从事自己喜欢的职业，在工作中感受到快乐，工作起来游刃有余，这样也能保证家庭幸福。（a33）总之我认为职业上的成功就是做自己喜欢且胜任的工作，顺心、愉快。（a34）		
G20：努力工作、不断进取、开拓创新，充分发挥自己的潜能，为铁路事业贡献自己的一分力量，并发光发热，为国家富强，民族振兴，人民幸福作出贡献，对社会有益，即使是一粒沙也能发光，这便是我心中的职业成功。（a35）		
G21：我认为职业上的成功是个人综合能力的提升，具有较强的组织凝聚力，处理各种事情的协调能力，面对各种场合的应变能力，对组织的绝对忠诚。（a36）		
G22：职业上的成功是要以自己从事的工作为荣，努力工作，不断提高技术水平，成为段内能手，得到同事朋友的认可。（a37）通过自己认真负责的态度，安全地完成每次的生产任务，让各级职能部门重视机车乘务员这一岗位，让每一个人向往这个工作。（a38）		

访谈资料（贴便签，定义现象）	概念化	范畴化
G23：我是一名铁路的老职工，希望能够踏实稳定地工作，认真完成领导分配的任务，平稳安全地开好车直至退休，单位多盖些福利房，年终奖多发些，希望在退休前可以更多的享受单位的好政策。（a39）		
G24：我认为的职业成功标准是工资收入能够满足实际生活的需要，没有房贷压力，想买件好衣服不用太算计，吃的一般就行，买得起房，开得起车，娶得起媳妇，养得起孩子，让家人过上幸福的生活，实现小康生活的水平。（a40）		
G25：铁路工作难免会出现到异地工作的情况，与家人两地分居，我希望在保证一定的工资收入前提下，不要与家人两地分居，铁路能解决通勤问题或者是异地的住房、爱人工作以及孩子上学的问题。（a41）		

附录三　技能人才职业胜任力对职业成功影响正式调查问卷

尊敬的女士/先生：

您好！首先感谢您百忙之中参与填写这份匿名问卷。本调查问卷主要是了解有关技能人才职业生涯发展状况的相关信息。您的真实回答将对我们的研究具有重要价值。您所填写的各项资料，仅供学术研究的统计分析，不作他用，请您放心根据自己的真实感受回答问题。您选择的答案无所谓对错，只要能反映您的真实看法就是正确的。对于您的热心协助再次致以诚挚的敬意和衷心的感谢！

一、基本信息

1. 您的年龄：_____岁；

2. 您的婚姻状况：A. 未婚　B. 已婚　C. 其他

3. 您的年收入：A. 3万元以下　B. 3万～5万元　C. 6万～8万元 D. 9万～10万元　E. 10万元以上

4. 您的工作年限：A. 3年以下　B. 3～5年　C. 5～8年　D. 8～10年 E. 10年以上

5. 您的学历：A. 高中及以下　B. 大专　C. 本科　D. 硕士及以上

6. 您的技术等级：A. 初级　B. 中级　C. 高级　D. 技师　E. 高级技师

二、下列句子是对您职业发展状况的描述，从 1 到 5 代表从非常不符合到完全符合，请选择与您自身情况最相符的选项，并打"√"，谢谢您的合作。

序号	题项	非常不符合	不太符合	不能确定	比较符合	完全符合
1	无论在哪里，我都是建设性变革的强大推动者	1	2	3	4	5
2	我喜欢面对和克服其他人对我提出的反对意见	1	2	3	4	5
3	我因为喜欢自己的观点而出类拔萃，即使其他人反对也不顾	1	2	3	4	5
4	我喜欢挑战现状	1	2	3	4	5
5	我不喜欢浪费时间做白日梦	1	2	3	4	5
6	我对于在艺术及大自然中发现的图案感到着迷	1	2	3	4	5
7	我常常尝试新奇的、外国的事物	1	2	3	4	5
8	我很少注意到不同环境所引起的气氛或感觉	1	2	3	4	5
9	我相信关于道德的议题，我们应该向宗教权威寻求答案	1	2	3	4	5
10	有时候当我阅读诗歌或欣赏艺术作品时，我会感到震撼或兴奋	1	2	3	4	5
11	我没什么兴趣思索宇宙或人类环境的本质	1	2	3	4	5
12	我有非常多的好奇心	1	2	3	4	5
13	我常常喜欢用理论或抽象的观念思考问题	1	2	3	4	5
14	当了解到新的信息后，我会适当地修订自己的事业目标	1	2	3	4	5
15	我有现实的事业目标	1	2	3	4	5
16	我已经制订了自己的事业发展计划	1	2	3	4	5
17	我经常寻找那些有助于实现事业目标的工作任务	1	2	3	4	5
18	我清楚知道自己擅长做什么	1	2	3	4	5
19	同事认为我熟知单位的内部人员	1	2	3	4	5
20	我在单位里人际关系处理得很好	1	2	3	4	5
21	我与单位内部较多的人员都有接触	1	2	3	4	5
22	我在本单位和整个铁路系统内部里有广泛的人脉	1	2	3	4	5
23	同事认为我熟知单位外面的人员	1	2	3	4	5
24	我经常和单位外面的人员保持联络	1	2	3	4	5
25	我不断寻求事业上继续学习的机会	1	2	3	4	5

续表

序号	题项	非常不符合	不太符合	不能确定	比较符合	完全符合
26	我具备多种工作相关技能	1	2	3	4	5
27	我与本专业的发展趋势保持同步	1	2	3	4	5
28	我常常寻求培训与发展的机遇	1	2	3	4	5
29	我不断提升工作相关技能	1	2	3	4	5
30	我的工作内容与我的期望相符合	1	2	3	4	5
31	我所从事的工作让我觉得很自豪	1	2	3	4	5
32	我对我目前的工作状态非常满意	1	2	3	4	5
33	我希望我的子女以后也能从事这项工作	1	2	3	4	5
34	我愿意一辈子从事这项工作	1	2	3	4	5
35	我目前的工作是自我形象中很重要的一部分	1	2	3	4	5
36	我非常认同我的工作	1	2	3	4	5
37	由于我从事的工作，会让我比其他人更有成就感	1	2	3	4	5
38	我的职业发展轨迹对于了解"我是谁"来说是一个很重要的部分	1	2	3	4	5
39 在您目前的工作中，是否有老师指导？A：有　B：没有 如果有老师，您的老师是：A：单位指定的人员　B：工作中自然形成　C：其他 如果有老师，您的老师是哪种类型？A：单位的直接领导　B：资深的同事						

三、下列句子是对您自身状况的一些描述，从 1 到 5 代表从非常不符合到完全符合，请选择与您自身情况最相符的选项，并打"√"，谢谢您的合作。

序号	题项	非常不符合	不太符合	不能确定	比较符合	完全符合
1	如果我尽力的话，我会把工作做得更好	1	2	3	4	5
2	即使别人反对我，我仍有办法取得我所要的	1	2	3	4	5
3	对我来说，获得单位的奖励轻而易举	1	2	3	4	5
4	我自信能有效地应付工作中任何突如其来的事情	1	2	3	4	5
5	以我的才智，我定能应付意料之外的情况	1	2	3	4	5
6	如果我付出必要的努力，我一定能解决工作中大多数的难题	1	2	3	4	5

序号	题项	非常不符合	不太符合	不能确定	比较符合	完全符合
7	能冷静地面对各类突发事件，因为我信赖自己处理问题的能力	1	2	3	4	5
8	对一个难题时，我通常能找到几个解决方案	1	2	3	4	5
9	个人能取得多大成就常常由机遇决定而不是能力	1	2	3	4	5
10	我想做一些别人从未想过的事情	1	2	3	4	5

四、下列句子是对您对您所在组织对您职业支持的一些描述，从 1 到 5 代表从非常不符合到完全符合，请选择与您自身情况最相符的选项，并打"√"，谢谢您的合作。

序号	题项	非常不符合	不太符合	不能确定	比较符合	完全符合
1	单位能够注意到我出色的工作表现	1	2	3	4	5
2	在工作中单位不会一有机会就利用我	1	2	3	4	5
3	对于职工合理的改变工作条件要求，单位一般会答应	1	2	3	4	5
4	单位很看重我的工作目标和价值观	1	2	3	4	5
5	单位会对我工作中遇到的问题予以帮助	1	2	3	4	5
6	单位让我担当最合适我的工作	1	2	3	4	5
7	我对我目前的工作充满兴趣	1	2	3	4	5
8	单位会对我的额外劳动给予奖励	1	2	3	4	5
9	单位偶尔会因为私人原因缺勤而给予理解	1	2	3	4	5
10	单位很关心我的生活状态	1	2	3	4	5
11	单位领导在做决策时会考虑职工的利益					
12	如果我要离职，单位会挽留我					
13	我的单位不会轻易解雇技能型人才					
14	单位对待技能型人才一般会用换岗代替解雇					
15	单位会为我的成绩而感到骄傲					

五、下列句子是对您工作—家庭平衡情况的描述，从 1 到 5 代表从非常不符合到完全符合，请选择与您自身情况最相符的选项，并打"√"，谢谢您的合作。

序号	题项	非常不符合	不太符合	不能确定	比较符合	完全符合
1	我的工作经常使我没有办法跟家人和朋友在一起	1	2	3	4	5
2	我经常会把工作中的焦虑和烦恼带到家庭生活中	1	2	3	4	5
3	我经常会因为工作没有办法参加家庭的重要活动	1	2	3	4	5

六、下列句子是对您职业满意状况的描述，从 1 到 5 代表从非常不符合到完全符合，请选择与您自身情况最相符的选项，并打"√"，谢谢您的合作。

序号	题项	非常不符合	不太符合	不能确定	比较符合	完全符合
1	我对我的职业所取得的成功感到满意	1	2	3	4	5
2	我对为满足总体职业目标所取得的进步感到满意	1	2	3	4	5
3	我对自己为满足收入目标所取得的进步感到满意	1	2	3	4	5
4	我对自己为满足晋升目标所取得的进步感到满意	1	2	3	4	5
5	我对自己为满足获得新技能目标所取得的进步感到满意	1	2	3	4	5

七、下列句子是对您工作满意度情况的一些描述，从非常满意到非常不满意，请选择与您自身情况最相符的选项，并打"√"，谢谢您的合作。

序号	工作描述	满意程度				
1	能够一直保持忙碌的状态	非常满意	满意	不确定	不满意	非常不满意
2	独立工作的机会	非常满意	满意	不确定	不满意	非常不满意
3	站段领导对待下属的方式	非常满意	满意	不确定	不满意	非常不满意
4	站段领导做决策的能力	非常满意	满意	不确定	不满意	非常不满意

序号	工作描述	满意程度				
5	能够做一些不违背我良心的事情	非常满意	满意	不确定	不满意	非常不满意
6	我的工作的稳定性	非常满意	满意	不确定	不满意	非常不满意
7	能够为其他人做些事情的机会	非常满意	满意	不确定	不满意	非常不满意
8	告诉他人该做些什么的机会	非常满意	满意	不确定	不满意	非常不满意
9	能够充分发挥我能力的机会	非常满意	满意	不确定	不满意	非常不满意
10	公司政策实施的方式	非常满意	满意	不确定	不满意	非常不满意
11	我的收入与我的工作量	非常满意	满意	不确定	不满意	非常不满意
12	自主决定如何完成工作的机会	非常满意	满意	不确定	不满意	非常不满意
13	工作条件	非常满意	满意	不确定	不满意	非常不满意
14	同事之间相处的方式	非常满意	满意	不确定	不满意	非常不满意
15	工作表现出色时，所获得的奖励	非常满意	满意	不确定	不满意	非常不满意

后　　记

　　每个人都希望成功，渴望有一个成功的职业生涯。每年的企业调研，见到那些付出无数艰辛与汗水、辛勤工作、默默付出的一线技能人才，心中不免萌生感激与敬畏之情。对于他们来说，成功的职业生涯意味着什么？怎么才能获得职业上的成功？本书是我对技能人才特别是铁路技能人才职业生涯的一个初步思考和答案。当然，对于科学的探索永远是"进行时"，永远是"在路上"，许多问题作者也未能回答，有待读者的思考，亦有待作者在今后的科研工作中，继续探索。

　　这里我要感谢在写作过程中给我无限帮助的人。要感谢的人实在太多，所有帮助过和帮助着我的人，请原谅我不能一一提及。

　　感谢我的恩师，北京交通大学经济管理学院叶龙教授，是恩师的鼓励、谆谆教导和潜移默化的影响，才有了我一次次的学术写作和人生顿悟。

　　感谢国家铁路局，中国铁路总公司以及北京、哈尔滨、沈阳、广铁、上海、武汉、南昌、青藏等铁路局（公司）诸多领导在调研过程中给予的大力支持。

　　感谢首都经济贸易大学工商管理学院范合君教授在本书出版过程中给予的指导和帮助。

　　另外，我要非常感谢本书的责任编辑——经济科学出版社的刘莎编辑，在本书的校对和出版过程中，她付出很多艰辛的劳动，使得本书顺利出版。

诸福磊

2017 年 1 月于北京